A COZINHA DE DANIEL BORK

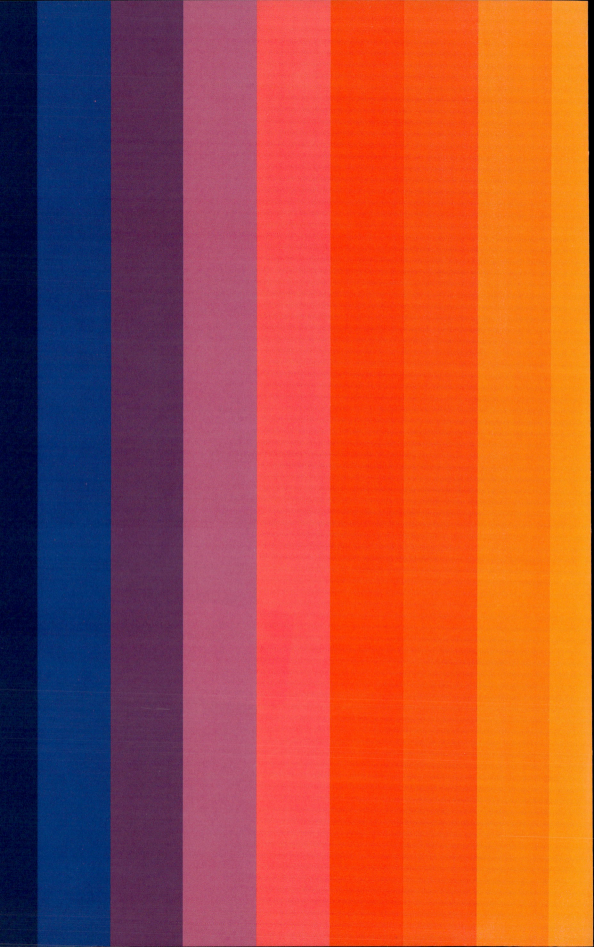

A COZINHA DE DANIEL BORK

MAIS DE 80 RECEITAS
DELICIOSAS PARA
O DIA A DIA

FOTOS DE ANTONIO RODRIGUES

OLÁ, QUERIDOS LEITORES E AMANTES DA BOA MESA!

Após tantos anos de televisão, posso dizer que executei milhares de receitas. Pães, doces, tortas, salgadinhos, massas, sorvetes, bolos; pratos saudáveis, vegetarianos, funcionais; receitas internacionais e regionais... Foram vinte anos ininterruptos cozinhando e curtindo a sua companhia todas as manhãs.

Junto com vocês, conquistei uma formação muito rica nesse universo culinário. Quem acompanhou o nosso trabalho em todos os programas se tornou um colega de aprendizado. Sinto-me realizado por ter tido a oportunidade de ensinar e prestar um serviço que agrega valor à vida das pessoas. É muito gratificante ouvir alguém contar que mudou de vida depois que passou a vender uma guloseima que aprendeu no programa ou que nunca fazia nada na cozinha e agora é capaz de preparar uma refeição gostosa para si ou para a família.

Para este livro, escolhi receitas variadas, práticas e sempre muito gostosas. São carnes, aves, peixes, tortas, bolos, pães e muitas outras delícias que já preparei na TV. E todas estão ao seu alcance, pois não levam ingredientes caros e são de simples execução. Espero que vocês aproveitem tanto quanto eu aproveitei! Algumas delas fazem parte do meu caderninho de receitas pessoal.

A culinária é um mundo de prazeres que devem ser aproveitados com sabedoria. Afinal comemos para viver, e não vivemos para comer. Procure servir junto com a refeição muito amor, paciência, disciplina e claro, alegria.

Na minha vida profissional na TV aprendi que é mais importante ser um chefe de família do que ser um chef de cozinha. Graças a Deus, consegui as duas coisas! Gostaria de dedicar este livro à minha esposa, Anna Margherita, pelo apoio e amor dedicados a mim e à nossa família, e também aos meus filhos Oliver e Beatriz, que tantas alegrias me trazem. Ah, e um beijo pra mamãe e um alô pro papai combinam bem com qualquer prato, né?

Vamos em frente e aproveitar as receitas?
Muito obrigado pela confiança de vocês!
Um forte abraço,

DANIEL BORK

8	**CARNES**
38	**AVES**
50	**PEIXES E FRUTOS DO MAR**
62	**VEGETAIS**
82	**TORTAS**
106	**SALGADINHOS**
126	**PÃES E LANCHES**
140	**BOLOS**
162	**DOCES**
190	**ÍNDICE DE RECEITAS**

CARNES

PICANHA NO ALHO COM FAROFA

10 PORÇÕES
1H

....

PICANHA

1 peça de picanha
50 g de manteiga em temperatura ambiente
5 dentes de alho amassados
sal a gosto

....

FAROFA

1 cebola picada
4 colheres (sopa) de manteiga
1 xícara de castanha-de-caju picada grosseiramente
2 xícaras de farinha de mandioca
1 colher (sopa) de coentro picado
1 pimenta dedo-de-moça
sal e azeite a gosto

PICANHA

Pincele a picanha com a pasta obtida na mistura da manteiga com o alho e o sal. Leve ao forno moderado, preaquecido (180 °C) por aproximadamente 1 hora.

FAROFA

Refogue a cebola na manteiga, em fogo médio. Acrescente a castanha-de-caju, a farinha de mandioca, o coentro, a pimenta, o sal e o azeite, sempre mexendo, até começar a dourar.

FILÉS DE CARNE À MODA ORIENTAL

4 PORÇÕES

1H

....

500 g de carne bovina, cortada em tiras

4 colheres (sopa) de farinha de trigo

2 colheres (sopa) de açúcar

óleo a gosto

1 colher (chá) gengibre fresco ralado

1 dente de alho picado ou amassado

2 colheres (sopa) de óleo de gergelim

2 colheres (sopa) de molho de soja

1¼ xícara de caldo de carne

1 colher (sopa) de gergelim

350 g de brócolis frescos cortados em pedaços

1 Em uma vasilha pequena, misture a carne, a farinha de trigo e o açúcar. Mexa até que tudo esteja bem incorporado.

2 Em uma frigideira grande ou tipo *wok*, em fogo alto, coloque um fio de óleo, quando aquecer junte a carne e frite por 2 a 4 minutos, até dourar. Acrescente o gengibre, o alho, o óleo de gergelim, o molho de soja, o caldo de carne, o gergelim e os brócolis. Mexa e deixe levantar fervura. Reduza o fogo e cozinhe por 5 a 10 minutos, até o molho engrossar.

CARNE DE PANELA COM CERVEJA PRETA

6 PORÇÕES
1H

CARNE

3 colheres (sopa) de azeite de oliva ou óleo

1 peça de maminha bovina (cerca de 1,2 kg)

2 dentes de alho cortados ao meio

2 cubos de caldo de carne sabor costela

1 lata pequena de extrato de tomate

1 pacote de sopa de cebola

2 latas ou garrafinhas de cerveja preta

LEGUMES

azeite a gosto

1 colher (sopa) de manteiga

2 cenouras em rodelas pré-cozidas al dente

10 minibatatas pré-cozidas

½ maço de brócolis em buquês pré-cozidos al dente

1 galho de alecrim picado

1 colher (sopa) de gergelim

sal a gosto

CARNE

Leve ao fogo alto uma panela de pressão com o azeite. Deixe aquecer bem e doure a carne de todos os lados. Acrescente o alho, o caldo de costela, o extrato de tomate, a sopa de cebola e a cerveja preta. Mexa bem e feche a panela de pressão. Cozinhe por cerca de 20 minutos, até a carne ficar macia.

LEGUMES

1 Em uma frigideira grande, aqueça um fio de azeite com a manteiga. Acrescente os vegetais, o alecrim e o gergelim. Tempere com sal a gosto.

2 Sirva a carne fatiada com os legumes.

ALMÔNDEGAS PICANTES

12 PORÇÕES
40 MIN

ALMÔNDEGAS

150 g de acém moído
150 g de carne suína moída
2 dentes de alho picado
2 colheres (sopa) de salsinha picada
1 ovo
5 colheres (sopa) de farinha de rosca
sal e azeite a gosto

MOLHO

200 ml de cerveja tipo Pilsen
1 colher (sopa) de farinha de trigo (dissolvida em um pouco de água)
1 xícara de caldo de carne
1 colher (sopa) de mostarda de Dijon com sementes
uma pitada de noz-moscada
pimenta verde em grãos a gosto
um fio de azeite
cheiro-verde picado para finalizar

ALMÔNDEGAS

Misture as carnes com o alho, a salsinha, a farinha de rosca e o sal, até formar uma mistura homogênea. Modele bolinhas e leve para uma frigideira com um fio de azeite. Doure as almôndegas de todos os lados. Coloque em um refratário e reserve.

MOLHO

Misture todos os ingredientes até incorporar bem.

MONTAGEM

1 Despeje o molho sobre as almôndegas no refratário.
2 Leve para o forno moderado, preaquecido (180 °C), por aproximadamente 20 minutos ou até que fiquem douradas. Finalize com um pouco de cheiro-verde e sirva a seguir.

BOLO DE CARNE COM QUEIJO COALHO

4 PORÇÕES

1H

....

BOLO DE CARNE

600 g de carne moída

3 colheres (sopa) de farinha de rosca

2 dentes de alho picados

1 colher (chá) de manjericão picado

1 colher (chá) de salsinha picada

1 colher (chá) de tomilho

sal e pimenta-do-reino a gosto

2 colheres (sopa) de azeite

....

RECHEIO

1 cenoura pequena ralada

½ cebola cortada em gomos finos

½ pimentão amarelo cortado em tiras

½ pimentão verde cortado em tiras

½ pimentão vermelho cortado em tiras

100 g de queijo coalho cortado em cubos

sal e pimenta-do-reino a gosto

manteiga ou margarina para untar

BOLO DE CARNE

Coloque a carne em uma tigela, adicione a farinha de rosca e tempere com o alho, as ervas, o sal e a pimenta-do-reino. Regue com o azeite e misture bem. Em uma superfície lisa, abra a carne, em formato retangular, sobre um pedaço de filme de PVC, na espessura de 1 cm.

RECHEIO E MONTAGEM

1 Espalhe os ingredientes do recheio sobre a carne e tempere a gosto. Com a ajuda do filme de PVC enrole a carne no formato de um rocambole. Coloque-o em uma assadeira untada com azeite e retire o filme.

2 Leve ao forno moderado, preaquecido (180 °C), por 40 a 50 minutos, até dourar.

CUBOS DE CARNE AO MOLHO DE PÁPRICA

8 PORÇÕES
1H

....

CARNE

500 g de miolo de alcatra cortado em cubos

2 dentes de alho espremidos

sal e azeite a gosto

1 cebola média ralada

½ talo de salsão bem picado

¼ de pimentão vermelho bem picado

1 pedaço pequeno de pimenta dedo-de-moça, sem sementes, bem picada

1 xícara de molho de tomate

2 colheres (sopa) de cheiro--verde picado

1 colher (chá) de páprica

1 colher (chá) de orégano

1 folha de louro

1 xícara de caldo de carne

....

PURÊ DE BATATA

1 kg de batatas descascadas e cortadas em cubos

1 xícara de água

500 ml de creme de leite

1 colher (sopa) de manteiga

sal e noz-moscada a gosto

CARNE

1 Tempere a carne com o alho e sal a gosto. Aqueça o azeite em uma panela de pressão, em fogo alto. Quando estiver bem quente, junte os cubos de carne e doure.

2 Acrescente a cebola, o salsão, o pimentão, a pimenta dedo-de-moça, o molho de tomate, o cheiro-verde, a páprica, o orégano, o louro e o caldo de carne. Mexa bem e feche a panela de pressão. Cozinhe por cerca de 20 minutos, ou até a carne ficar macia.

PURÊ DE BATATA

1 Cozinhe a batata junto com a água, o creme de leite e a manteiga até ficar bem macia, quase desmanchando. Escorra o caldo do cozimento da batata e reserve.

2 Com a ajuda de um batedor de arame, amasse os cubos de batata para desmancharem e ficarem com uma consistência granulosa. Volte a panela ao fogo baixo e, aos poucos, adicione o caldo reservado, mexendo sempre até o ponto que você preferir (consistência mais macia ou mais densa).

3 Tempere o purê com sal e noz-moscada e sirva com os cubos de carne.

COZIDO DE CARNE-
-SECA COM INHAME

5 PORÇÕES
20 MIN

....

500 g de inhame descascado, pré-cozido e cortado em pedaços

4 colheres (sopa) de manteiga de garrafa

500 g de carne-seca dessalgada, cozida e cortada em cubos

1 cebola roxa picada

pimenta dedo-de-moça sem sementes e cortada em tirinhas

4 colheres (sopa) de salsinha, coentro e cebolinha verde picados

água quente o quanto baste

sal a gosto

1 Em uma panela, doure os pedaços de inhame com a metade da manteiga de garrafa. Retire-os da panela e reserve.

2 Adicione à mesma panela o restante da manteiga de garrafa e doure bem os cubos de carne-seca. Acrescente a cebola, a pimenta e metade da mistura de ervas. Adicione água aos poucos, apenas para dissolver os sabores do fundo da panela. Junte o inhame reservado, verifique o sal e transfira para uma travessa. Polvilhe com o restante das ervas e sirva.

FORMINHA DE CARNE

4 PORÇÕES
40 MIN

....

8 rodelas grossas de berinjela
4 rodelas grossas de tomate
um fio de azeite
sal, pimenta-do-reino e tomilho fresco a gosto
2 dentes de alho picados
2 colheres (sopa) de óleo
300 g de carne moída
3 fatias de pão de fôrma esfareladas
1 ovo
molho de pimenta a gosto

1 Em uma chapa, grelhe rapidamente as rodelas de berinjela e de tomate no azeite. Tempere com sal, pimenta e tomilho e reserve.

2 Doure o alho no óleo. Escorra o alho em papel absorvente e coloque em uma vasilha junto com os ingredientes restantes. Tempere com sal e misture muito bem com as mãos até que fique uma massa homogênea.

3 Monte as forminhas: unte 4 aros (com diâmetro próximo ao das rodelas de berinjela c tomate), com óleo. Em cada um, faça camadas alternadas com 1 rodela de berinjela, 1 colher (sopa) da mistura de carne preparada, 1 rodela de tomate, 1 rodela de berinjela e por último 1 camada da mistura de carne.

4 Aperte bem e leve ao forno preaquecido, moderado (180 °C), por 30 minutos. Retire do aro e sirva com salada, se quiser.

LÍNGUA DE BOI AO MOLHO

4 PORÇÕES
1H30

....

2 línguas de boi limpas
3 colheres (sopa) de azeite
1 folha de manjericão
sal e pimenta-do-reino a gosto
água (suficiente para cobrir)
1 pimentão verde picado
1 pimentão vermelho picado
2 cebolas picadas
2 dentes de alho picados
1 cálice de vinho branco seco
¼ de xícara de azeitonas verdes, sem caroço
¼ de xícara de azeitonas pretas, sem caroço
1 lata de tomate pelado
1 pimenta vermelha, sem as sementes
cheiro-verde a gosto

1 Leve ao fogo uma panela de pressão com as línguas, 1 colher (sopa) de azeite, o manjericão, sal e pimenta-do-reino a gosto. Adicione água, o suficiente para cobrir, e cozinhe, em fogo baixo, por 1 hora.

2 Fatie a carne e reserve o caldo de seu cozimento.

3 Na mesma panela coloque os pimentões, a cebola e o alho junto com o restante do azeite. Frite até a cebola começar a dourar. Acrescente o vinho, as azeitonas e o tomate pelado. Junte a língua fatiada, adicione um pouco do caldo do seu cozimento, a pimenta e o cheiro-verde. Misture bem, tampe a panela e cozinhe por mais 20 minutos.

RABADA COM POLENTA CREMOSA

6 PORÇÕES
1H30

....

RABADA
2 kg de rabada bovina limpa
4 colheres (sopa) de óleo
1 xícara de vinho tinto seco
2 colheres (sopa) de extrato de tomate
suco de 2 limões
sal a gosto
2 pimentas-malaguetas inteiras
1 cebola média picada
6 dentes de alho
2 folhas de louro
2 talos de alho-poró cortados em fatias
5 tomates picados, sem sementes
2 colheres (sopa) de farinha de trigo
3 colheres (sopa) de salsinha picada

....

CALDO DE LEGUMES
1 litro de água
1 cenoura cortada em pedaços
1 talo de salsão cortado em pedaços
1 cebola pequena
6 grãos de pimenta

....

POLENTA
2 xícaras de farinha de milho pré-cozida
2 colheres (sopa) de manteiga
sal a gosto

RABADA
Em uma pancla de pressão, doure bem a rabada, no óleo, de todos os lados. Adicione o vinho, o extrato de tomate, o suco de limão, o sal, a pimenta, a cebola, o alho, o louro, o alho-poró e o tomate. Salpique a farinha de trigo e a salsinha. Refogue, em fogo alto, mexendo de vez em quando até os temperos ficarem macios. Adicione água quente até cobrir a carne e cozinhe na pressão por cerca de 50 minutos, até a carne ficar macia e desmanchando.

CALDO DE LEGUMES
Coloque em uma panela todos os ingredientes e cozinhe por cerca de 30 minutos. Deixe esfriar, passe por uma peneira e utilize no preparo da polenta.

POLENTA
Em uma panela, dissolva a farinha de milho pré-cozida no caldo preparado. Leve ao fogo, acrescente a manteiga, tempere com sal e cozinhe, mexendo sempre, até ferver e ficar bem cremosa. Sirva com a rabada.

CESTINHA DE CARNE SUÍNA

6 PORÇÕES
1H

....

1 pacote de massa folhada
500 g de filé-mignon suíno, cortado em cubos
suco de ½ limão
sálvia a gosto
uma pitada de noz-moscada
sal a gosto
50 g de manteiga
2 maçãs picadas
1 colher (sopa) de açúcar
1 colher (sopa) de amido de milho
canela a gosto

1 Em uma assadeira de *cupcake*, forre as cavidades com quadradinhos de massa folhada. Reserve. Tempere a carne com o suco de limão, a sálvia, a noz-moscada e o sal.

2 Refogue na manteiga até começar a dourar. Acrescente a maçã, o açúcar, o amido e a canela.

3 Cozinhe até que fique um recheio consistente. Coloque o recheio por cima da massa folhada, e leve para assar, em forno quente (200 °C), preaquecido, por cerca de 15 minutos.

LOMBO RECHEADO COM SÁLVIA E ALCAPARRAS

5 PORÇÕES
1H20

....

1 kg de lombo suíno aberto em manta

suco de 4 mexericas, coado

½ xícara de vermute branco seco

sal a gosto

1 cebola picada

½ xícara de azeite

25 g de manteiga sem sal

½ xícara de folhas de sálvia picadas

100 g de migalhas de pão esfareladas

½ xícara de salsinha fresca picada

2 colheres (sopa) de raspas de limão

1 xícara de alcaparras

1 ovo ligeiramente batido

2 colheres (sopa) de farinha

óleo para untar

1 Tempere a carne com o suco de mexerica misturado com o vermute e o sal. Reserve.

2 Refogue a cebola, em uma frigideira, com o azeite e a manteiga. Adicione a sálvia, retire a panela do fogo e acrescente o restante dos ingredientes, exceto o óleo. Tempere com sal e misture.

3 Espalhe este recheio sobre a manta de carne. Enrole como um rocambole e amarre com barbante. Sele, em uma frigideira com óleo, de todos os lados. Em seguida leve ao forno moderado (180 ºC), preaquecido, por cerca de 40 minutos. Retire o barbante, corte em fatias e sirva.

CORDEIRO À PRIMAVERA

4 PORÇÕES
2H (MAIS 12H DE DESCANSO)

....

1 paleta de cordeiro (2 kg)
1 saco plástico grande próprio para alimentos
2 xícaras de uísque
folhas de 1 ramo de alecrim
1 colher (sopa) de sal
1 colher (sopa) de pimenta-do-reino moída
4 tomates picados
2 cebolas roxas picadas
½ xícara de salsinha picada
1 colher (sopa) de sal
1 xícara de água
suco de 2 limões
ramos de alecrim para servir

1 Com uma faca, faça furos na paleta.

2 Abra o saco plástico, coloque dentro o cordeiro e todos os quatro ingredientes seguintes. Dê um nó na parte que sobrou do saco, ou amarre. Misture tudo, massageando a carne para envolvê-la bem no tempero. Deixe marinar por aproximadamente 12 horas, na geladeira. Após esse período, retire a carne com o tempero do plástico e coloque tudo em uma assadeira.

3 Por cima, espalhe o tomate, a cebola, a salsinha, o sal, a água e o suco, tudo bem misturado. Cubra com papel-alumínio e leve ao forno quente (200 °C), preaquecido, por cerca de 1 hora. Retire o papel, vire a peça de carne, regue bem com o líquido que se formou na assadeira e volte ao forno, por mais 1 hora.

4 Sirva a carne com o alecrim e o molho que se formou na assadeira.

COSTELINHA DE PORCO COM FAROFA

6 PORÇÕES
1H20 (MAIS 12H DE DESCANSO)

....

COSTELINHA
1 saco plástico grande próprio para alimentos
1,5 kg de costelinha de porco, cortada em pedaços
1 xícara de suco de laranja
2 colheres (sopa) de mel
3 colheres (sopa) de molho de soja
½ colher (chá) de sal
3 colheres (sopa) de mostarda
½ colher (chá) de colorau
½ cebola cortada em pedaços médios
4 dentes de alho picados
pimenta-do-reino a gosto

FAROFA
⅓ de xícara de azeite
1 cebola pequena picada
½ pimentão verde picado
½ pimentão vermelho picado
50 g de bacon
3 dentes de alho amaçados
1 xícara de folhas de espinafre, escaldado, espremido e picado
1 pimenta dedo-de-moça picada
3 xícaras de farinha de mandioca
sal a gosto

COSTELINHA
1 Abra o saco plástico, coloque dentro os pedaços de costelinha e todos os nove ingredientes seguintes. Dê um nó na parte que sobrou do saco, ou amarre. Misture tudo, massageando a costelinha para envolvê-la bem no tempero. Deixe marinar por aproximadamente 12 horas, na geladeira.

2 Após esse período, retire a carne com o tempero do plástico e coloque tudo em uma panela de pressão, sem acrescentar água. Tampe e cozinhe por 10 minutos, na pressão. Transfira tudo para uma assadeira e leve ao forno quente (200 °C), preaquecido, por cerca de 15 minutos ou até dourar.

FAROFA
Coloque o azeite, a cebola, os pimentões verde e vermelho e o bacon. Refogue por alguns minutos e acrescente o alho, o espinafre e a pimenta. Tempere com sal. Adicione a farinha de mandioca, aos poucos, sempre mexendo, até que tudo fique bem incorporado e no ponto desejado. Sirva ainda quente com as costelinhas.

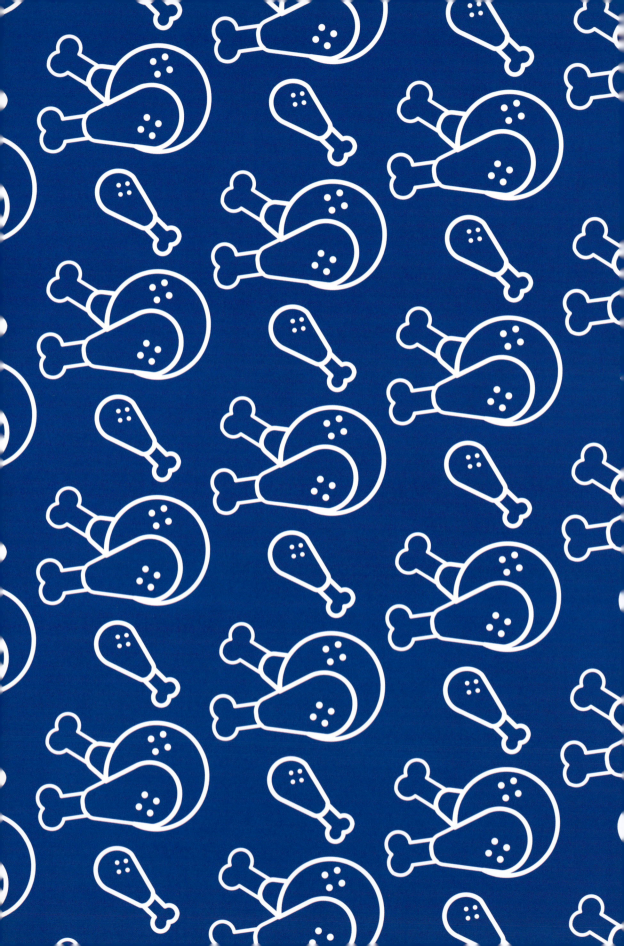

AVES

PEITO DE FRANGO COM COENTRO E LIMA

6 PORÇÕES
20 MIN

....

6 filés de frango
1 colher (chá) de raspas de lima-da-pérsia
1 colher (chá) de raspas de limão-siciliano
1 colher (chá) de raspas da casca de tangerina
suco de 1 tangerina
azeite de oliva para untar
suco de 1 limão-siciliano
½ cebola picada
1 caixinha de creme de leite
açafrão-da-terra, cominho, folhas de coentro a gosto
flor de sal, azeite e pimenta-do-reino a gosto
aspargos cozidos al dente para acompanhar

1 Tempere os peitos de frango com as raspas das frutas e o suco da tangerina.

2 Leve uma frigideira untada com azeite ao fogo alto e grelhe os filés de frango até o ponto desejado. Reserve.

3 Adicione à frigideira o restante dos ingredientes e apure bem o molho. Sirva acompanhado de aspargos cozidos al dente.

FRANGO TAILANDÊS COM GENGIBRE

4 PORÇÕES
20 MIN

....

½ colher (sopa) de alho amassado

2 colheres (sopa) de talos de coentro picado

½ pimenta dedo-de-moça picada, sem sementes

3 colheres (sopa) de azeite de oliva

500 g de peito de frango, cortado em tiras

1 colher (sopa) de gengibre fresco cortado em tiras finas

1 colher (sopa) de molho de ostra

uma pitada de açúcar

¼ de xícara de molho de soja

1 colher (sopa) de farinha de trigo

⅔ de xícara de caldo de frango

200 g de cogumelo shimeji fresco

sal a gosto

2 talos de cebolinha cortados em rodelas finas

1 Misture os três primeiros ingredientes e refogue-os rapidamente em uma frigideira com o azeite. Junte o peito de frango, o gengibre, o molho de ostra e o açúcar.

2 Regue com o molho de soja e após o frango estar cozido e dourado adicione a farinha de trigo dissolvida no caldo de frango.

3 Misture bem e acrescente os cogumelos, acerte o sal, polvilhe com a cebolinha e sirva a seguir.

FRANGO COM SÁLVIA E LEGUMES

6 PORÇÕES
1H (MAIS 30 MIN DE DESCANSO)

FRANGO
1 frango cortado nas juntas
½ colher (chá) de sal

MARINADA
2 colheres (sopa) de sálvia seca
4 colheres (sopa) de azeite
4 colheres (sopa) de mel
2 ramos de tomilho
1 colher (sopa) de raspas de limão
1 colher (sopa) de suco de limão

LEGUMES
½ xícara de azeite
1 cenoura cortada em tiras finas e escaldadas
120 g de vagem escaldada
1 pimentão vermelho cortado em tiras finas
1 pimentão amarelo cortado em tiras finas
1 abobrinha em tiras finas
sal e pimenta-do-reino a gosto

FRANGO
Tempere o frango com sal a gosto. Reserve.

MARINADA
Com um pilão soque a sálvia, adicione o restante dos ingredientes e tempere os pedaços de frango com essa mistura. Deixe descansar, na geladeira, por, no mínimo, 30 minutos. Disponha os pedaços de frango em uma assadeira e leve ao forno quente (200 °C), preaquecido, por cerca de 45 minutos, virando os pedaços na metade do tempo de cozimento, para dourarem por igual.

LEGUMES
Em uma frigideira aquecida, adicione o azeite e salteie os legumes. Acerte o sal e a pimenta e sirva acompanhando o frango.

GALINHA ACEBOLADA COM QUIRELA

4 PORÇÕES
1H30

....

100 g de manteiga

4 cebolas médias descascadas em anéis

1 dente de alho

sal a gosto

1 galinha caipira cortada em pedaços

500 ml de cerveja escura

200 g de bacon em cubos

1 cenoura

200 g de quirela

pimenta-do-reino a gosto

tomilho

1 folha de louro

1 Esquente a manteiga na panela e acrescente a cebola. Deixe que ela se derreta, a ponto de quase queimar. Jogue o alho e o sal sobre a galinha. Levo-a até a panela com a cebola e deixe por cerca de 10 minutos. Vire a galinha e acrescente a cerveja. Espere encorpar para finalizar. Deixe formar um caldo espesso e, caso precise, coloque mais água. Reserve 200 ml desse caldo.

2 Para a quirela: frite o bacon, acrescente a cenoura. Acrescente a quirela no bacon com um pouco de água. Coloque pimenta dedo-de-moça pelada e o caldo do frango. Sirva a quirela e coloque sobre ela as partes do frango que desejar.

DICA: PARA ACOMPANHAR, SIRVA QUIABO FRITO E UMA FAROFA.

FRANGO CROCANTE COM PARMESÃO E PURÊ DE CENOURA

2 PORÇÕES

1H

....

FRANGO

5 sobrecoxas limpas e com o osso

sal a gosto

pimenta-do-reino a gosto

½ xícara de maionese

¼ de xícara de queijo parmesão ralado

4 fatias de pão italiano processadas

....

PURÊ DE CENOURA

1 colher (sopa) de manteiga

½ colher (chá) de gengibre ralado

½ pimenta dedo-de-moça picada e sem sementes

2 cenouras cozidas e espremidas

1 batata cozida e espremida

FRANGO

1. Tempere o frango com o sal, a pimenta-do-reino e pincele-os com a maionese. Em um processador, coloque o pão italiano e o queijo parmesão e processe em velocidade máxima.
2. Coloque essa mistura em um recipiente, acerte o sal e a pimenta-do-reino. Passe os frangos nesta mistura.
3. Transfira para uma assadeira untada com azeite e leve para o forno preaquecido (180 °C) por aproximadamente 45 minutos ou até estarem bem dourados.

PURÊ DE CENOURA

Coloque a manteiga em uma panela, adicione o gengibre, a pimenta dedo-de-moça, as cenouras e a batata cozida. Mexa bem para uniformizar todos os ingredientes e, se for necessário, acrescente um pouco de leite para que o purê fique mais espesso ou mais macio.

PEIXES E FRUTOS DO MAR

BOBÓ DE CAMARÃO

6 PORÇÕES
30 MINUTOS

....

1 kg de mandioca cozida ainda quente

1 kg de camarão limpo

3 dentes de alho espremidos

suco de 1 limão

sal e pimenta-do-reino a gosto

1 cebola picada

3 colheres (sopa) de azeite

2 tomates picados, sem sementes

1 vidro de leite de coco (200 ml)

2 colheres (sopa) de azeite de dendê

uma pitada de pimenta calabresa

½ maço de coentro ou salsinha picada

1 Bata a metade da mandioca no liquidificador, com um pouco da água de seu cozimento, até formar um creme. A outra metade, corte em pedaços e reserve.

2 Tempere o camarão com 1 dente de alho espremido, o suco de limão, o sal e a pimenta a gosto. Reserve.

3 Em uma panela grande, frite a cebola e o alho restante no azeite até começar a dourar. Acrescente o tomate, refogue rapidamente e junte o camarão temperado. Cozinhe por 5 minutos, mexendo de vez em quando. Adicione o leite de coco, o dendê, a pimenta calabresa, o creme e os pedaços de mandioca reservados.

4 Cozinhe até levantar fervura, por 2 minutos, mexendo sem parar. Verifique o sal, retire do fogo e adicione o coentro. Sirva com arroz branco.

GUMBO

6 PORÇÕES
50 MINUTOS

....

2 colheres (sopa) de azeite

150 g de bacon

2 linguiças calabresas cortadas em rodelas

500 g de peito de frango cortado em cubos

1 cebola picada

3 dentes de alho picados

1 talo de salsão picado

1 pimenta verde picada

1 talo de cebolinha picada

1 colher (sopa) de salsinha

1 colher (sopa) de tomilho

1 folha de louro

1 colher (sopa) de farinha de trigo

1 colher (sopa) de tempero cajun (opcional)

2 colheres (sopa) de molho inglês

1 lata de tomate pelado

1 litro de caldo de galinha

1 xícara de camarão cru

2 colheres (sopa) de cheiro--verde picado

1 Em uma frigideira grande, aqueça o azeite e refogue o bacon e a linguiça. Acrescente o frango, a cebola, o alho, o salsão, a pimenta verde e as ervas. Polvilhe com a farinha de trigo (vai servir para encorpar o caldo) e coloque o tempero cajun, se for usar. Refogue por alguns minutos.

2 Adicione o molho inglês e o tomate pelado e misture. Em seguida, despeje metade do caldo de galinha, misture e junte o camarão. Deixe cozinhar por alguns minutos, até secar um pouco do caldo.

3 Verifique o sal e adicione o restante do caldo. Cozinhe até o frango ficar macio. Na hora de servir, polvilhe com cheiro-verde para decorar.

DICA: SIRVA COM ARROZ BRANCO.

ROBALO COM PUPUNHA E MOLHO DE CASTANHA

1 PORÇÃO
40 MINUTOS

ROBALO

1 posta (200 g) de robalo
sal e pimenta-do-reino a gosto
1 ovo batido
50 g de farinha panko ou de rosca
castanhas-de-caju para decorar
folhas de salsinha para decorar

PUPUNHA

150 g de palmito pupunha
sal, azeite e pimenta-do-reino a gosto

MOLHO

200 g de cebola picada
50 g de manteiga
1½ colher (sopa) de molho de soja
3 colheres (sopa) de água
90 g de uva-passa branca
100 g de castanha-de-caju picada
salsinha e coentro a gosto

ROBALO

Tempere a posta de robalo com sal e pimenta-do-reino, passe a parte da pele do robalo no ovo batido e na farinha panko, passe novamente no ovo e na farinha panko. Em uma frigideira com um dedo de óleo ou azeite, frite o robalo com a crosta virada para baixo.

PUPUNHA

Coloque o palmito pupunha em uma assadeira pequena e tempere com sal e pimenta-do-reino, regue com azeite e leve para assar a 200 °C por cerca de 30 minutos ou até dourar.

MOLHO

1 No processador, bata a cebola para que fique bem fininha. Em uma panela, coloque a manteiga e a cebola e refogue bem, acrescente o molho de soja, a água, as uvas passas e por último as castanhas-de-caju, acerte os temperos e deixe reduzir um pouco.

2 Na hora de servir, coloque um pouco de molho, o palmito pupunha, o robalo, decore com castanhas e a salsinha e o coentro.

PEIXADA GOIANA

6 PORÇÕES
30 MINUTOS

....

1 pimentão vermelho fatiado

1 pimentão verde fatiado

1 pimentão amarelo fatiado

1 cebola grande fatiada

3 tomates maduros, firmes e fatiados

3 dentes de alho fatiados

3 pimentas de cheiro picadas

1 kg de postas de cação

1 colher (sopa) de açafrão-da-terra (cúrcuma)

1 colher (sopa) de extrato de tomate

sal, cheiro-verde e azeite a gosto

1 Tempere o peixe com o açafrão, o sal, o cheiro-verde, o azeite, o alho e as pimentas.

2 Em uma frigideira, faça camadas com os pimentões, a cebola e o tomate. Adicione as fatias de peixe e faça mais uma camada com os pimentões, a cebola e o tomate. Coloque o extrato de tomate e regue com o azeite.

3 Tampe a panela e cozinhe até o peixe estar no ponto.

BACALHAU AÇORIANO

4 PORÇÕES
45 MINUTOS

....

4 cebolas cortadas em rodelas

700 g de batatas pré-cozidas (descascadas e cortadas em rodelas de 1,5 cm)

700 g de bacalhau em postas médias demolhado

pimenta-do-reino branca moída, pimenta dedo--de-moça (sem sementes, cortada ao meio), curry e azeite a gosto

2 pimentões vermelhos assados e sem pele

½ xícara de azeitonas verdes sem caroço

5 ovos cozidos e cortados em rodelas

8 dentes de alho com casca

2 colheres (sopa) de salsinha picada

1 Unte com bastante azeite o fundo de um refratário de bordas altas. Disponha no fundo do refratário metade das cebolas e por cima metade das batatas e do bacalhau.

2 Faça uma nova camada de cebola, batata e bacalhau. Tempere com as pimentas e disponha o pimentão fatiado por cima.

3 Dissolva o curry em ⅓ de xícara de água e regue os ingredientes com essa mistura. Finalize com as azeitonas, os ovos em rodelas e a salsinha.

4 Regue com azeite, cubra com papel-alumínio e leve ao forno preaquecido. Assim que estiver fervendo bastante, retire o alumínio e asse até dourar.

DICA: SIRVA ACOMPANHADO DE ARROZ COM SALSINHA.

VEGETAIS

ABOBRINHA RECHEADA

2 PORÇÕES
40 MIN

....

2 abobrinhas

sal, pimenta chili e azeite a gosto

1 xícara de cenoura ralada

1 xícara de tomates cereja, cortados ao meio

1 xícara de brócolis ninja picados

1 cebola roxa ralada

1 colher (sopa) de folhas de manjericão

azeite a gosto

água (o quanto baste)

½ xícara de lascas de queijo parmesão

1 Corte as abobrinhas ao meio no sentido do comprimento e retire um pouco do miolo e das sementes (reserve essa polpa em uma tigela), formando um barquinho. Tempere as metades de abobrinha com o sal e a pimenta chili e regue com azeite.

2 Leve ao forno preaquecido a 180 °C e asse por 30 minutos, até que as abobrinhas estejam macias, porém ainda firmes.

3 Enquanto isso, prepare o recheio. Refogue os vegetais junto com a polpa de abobrinha reservada em um fio de azeite até ficarem macios e dourados. Caso o recheio fique muito seco antes de atingir o ponto, adicione um pouco de água durante o cozimento.

4 Retire as abobrinhas do forno, distribua o recheio sobre elas e cubra com as lascas de queijo parmesão. Leve de volta ao forno apenas para gratinar. Sirva a seguir.

SALADA VERÃO COM REPOLHO E MAÇÃ

6 PORÇÕES
10 MIN

....

suco de 1 limão

1 pote de iogurte natural (170 g)

½ xícara de maionese

4 colheres (sopa) de azeite

2 xícaras de repolho branco e roxo finamente fatiado

½ xícara de uva-passa branca

1 maçã verde, com a casca, cortadas em palitos finos

½ xícara de cheiro-verde picado

sal e pimenta-do-reino moída na hora a gosto

1 maçã verde, com a casca, cortada em lâminas finas para decorar

1 Em uma tigela, misture o suco de limão com o iogurte, a maionese e o azeite.

2 Coloque o repolho em uma tigela, junte as passas, a maçã em palitos e o cheiro-verde. Adicione a mistura de iogurte e maionese. Tempere com sal e pimenta e mexa até que todos os ingredientes estejam incorporados.

3 Transfira para um prato de servir e decore com as lâminas de maçã. Sirva em temperatura ambiente.

CANELONE DE BERINJELA

6 PORÇÕES
40 MIN

....

2 xícaras de ricota

½ xícara de tomate seco picado grosseiramente

100 g de queijo mozarela ralado

½ xícara de nozes

folhas de 2 ramos de manjericão fresco

3 colheres (sopa) de azeite

sal e pimenta-do-reino a gosto

2 dentes de alho cortados em fatias

1 garrafa de polpa de tomate (680 g)

3 berinjelas cortadas em fatias finas no sentido do comprimento

queijo parmesão ralado a gosto para polvilhar

1. Coloque no processador a ricota junto com o tomate seco, a mozarela, as nozes, o manjericão e 1 colher (sopa) de azeite. Tempere com sal e pimenta e bata até formar uma mistura homogênea. Reserve.

2. Doure o alho no restante do azeite, acrescente a polpa de tomate e cozinhe em fogo moderado por 20 minutos, mexendo de vez em quando. Tempere a gosto.

3. Em uma frigideira antiaderente, untada com azeite, grelhe as fatias de berinjela dos dois lados, para ficarem maleáveis.

4. Distribua um pouco da mistura de ricota em cada fatia de berinjela, enrole e coloque em um refratário com a ponta virada para baixo.

5. Regue com o molho e polvilhe com o parmesão. Leve ao forno quente (200 °C), preaquecido, por cerca de 15 minutos, até começar a dourar. Sirva quente.

LEGUMES CREMOSOS AO FORNO

6 PORÇÕES
40 MIN

....

½ colher (chá) de alho em pó
1 colher (sopa) de mostarda preparada ou ½ colher (chá) de mostarda em pó
½ colher (chá) de cebola em pó
2 caixinhas de creme de leite
1 vidro de palmito picado
½ xícara de queijo parmesão ralado
2 xícaras de cenoura picada
2 xícaras de cará picado
2 xícaras de abobrinha picada
2 xícaras de batata-doce picada
2 xícaras de batata picada
1½ xícara de abóbora japonesa picada
sal e cheiro-verde a gosto

1 Bata no liquidificador os seis primeiros ingredientes, até obter um creme homogêneo. Reserve.

2 Em uma tigela grande, misture rapidamente o restante dos ingredientes. Acrescente o creme de palmito e misture bem.

3 Transfira para um refratário e leve ao forno moderado (180 °C), preaquecido, por cerca de 30 minutos, até começar a dourar. Sirva quente.

MINIABÓBORA COM SHITAKE

4 PORÇÕES
30 MIN

....

4 miniabóboras
3 colheres (sopa) de manteiga
óleo de gergelim a gosto
400 g de cogumelo shitake fatiado
¼ de xícara de molho de soja
2 colheres (sopa) de mirin (saquê culinário)
sal, azeite, pimenta-do-reino a gosto
cebolinha cortada em rodelas para decorar

1 Com uma faca afiada, corte a parte superior das miniabóboras, formando uma tampa, e reserve. Retire as sementes com uma colher e descarte. Pincele dentro e fora com azeite e leve ao forno preaquecido a 200 °C para assar até ficarem macias.

2 Enquanto isso, em uma frigideira de fundo grosso, aqueça a manteiga e o óleo de gergelim. Adicione o shitake e doure em fogo alto. Junte o molho de soja, o mirin e tempere com sal e a pimenta.

3 Recheie as miniabóboras com o refogado de cogumelo e leve para o forno novamente apenas para aquecer. Decore com a cebolinha e sirva.

DICA: SE QUISER, SUBSTITUA O SHITAKE POR 150 G DE COGUMELO ERYNGUI PICADO.

CHARUTINHO COM QUINOA

6 UNIDADES
30 MIN (MAIS 12H DE DESCANSO)

CHARUTINHO

1 xícara de quinoa cozida
1 xícara de castanha-do-pará picadas
½ colher (chá) de noz-moscada em pó
¼ de xícara de ameixa seca
2 colheres (sopa) de azeite
sal e pimenta do reino a gosto
6 folhas de couve-manteiga

COALHADA

1 litro de leite
1 pote de iogurte natural (170 g)
1 colher (sopa) de raspas de limão-siciliano
1 colher (chá) de hortelã picada

CHARUTINHO

1. Misture a quinoa cozida, a castanha-do-pará, a noz-moscada, a ameixa, o azeite, a pimenta-do-reino e o sal.
2. Escalde as folhas de couve até amolecer. Deixe esfriar e recheie, deixando o lado liso para baixo.

COALHADA

1. Ferva o leite e deixe esfriar até ficar morno.
2. Adicione o iogurte e deixe em um lugar tranquilo e morno por cerca de 12 horas. Tempere com raspas de limão, hortelã e sal. Sirva com os charutinhos em temperatura ambiente.

ROCAMBOLE ASSADO DE LENTILHA E QUINOA

12 PORÇÕES
40 MIN

ROCAMBOLE

4 dentes de alho amassados
1 cebola picada
3 colheres (sopa) de azeite
400 g de lentilha cozida
130 g de quinoa em grãos cozida
2 colheres (sopa) de suco de limão
1 colher (sopa) de orégano
½ xícara de aveia em flocos
½ xícara de farinha de trigo integral
½ xícara da água do cozimento da lentilha
sal, pimenta-do-reino e cominho a gosto

RECHEIO

1 xícara de batata amassada
10 vagens
1 cenoura cortada em palitos
1 abobrinha cortada em palitos

ROCAMBOLE

1. Em uma panela, refogue o alho e a cebola com bastante azeite, depois acrescente a lentilha e a quinoa. Refoque mais e junte o suco de limão e o orégano. Mexendo sempre, acrescente a aveia e a farinha de trigo. Coloque a água e acerte os temperos. Assim que virar uma massinha, retire da panela e deixe esfriar.
2. Depois, abra a massa do rocambole em formato de retângulo no meio de duas folhas de papel-alumínio, ou folhas de papel-manteiga.

RECHEIO

1. Passe no rocambole uma camada de batata amassada, disponha os legumes e polvilhe com um pouco de sal por cima.
2. Enrole no papel-alumínio, coloque em uma assadeira e leve para assar a 180 °C por cerca de 20 minutos. Depois de assado, transfira para uma tábua e corte em rodelas.

DICA: SIRVA ACOMPANHADO DE MOLHO DE TOMATE.

LEGUMES GRELHADOS COM CUSCUZ

4 PORÇÕES
40 MIN

LEGUMES

2 abobrinhas italianas cortadas em rodelas finas
2 cenouras descascadas, cortadas em rodelas finas
300 g de abóbora tipo cabotchan com casca, cortada em gomos e depois em triângulos finos
3 galhos de folhas de alecrim
sal e pimenta-do-reino a gosto

CUSCUZ

2 xícaras de cuscuz marroquino
1 xícara de caldo de legumes quente
2 colheres (sopa) de manteiga
½ xícara de pignoli
1 xícara de uva-passa branca
½ xícara de folhas de coentro fresco

LEGUMES

1 Coloque os legumes em uma assadeira com o alecrim e tempere com sal e pimenta. Misture tudo.
2 Leve ao forno quente (185 °C) por cerca de 30 minutos ou até que fiquem levemente dourados.

CUSCUZ

1 Coloque o cuscuz em uma vasilha, regue com o caldo quente e misture. Cubra com filme de PVC e deixe hidratar por cerca de 15 minutos.
2 Em seguida, derreta a manteiga em uma panela e doure levemente os pignoli. Acrescente as passas e deixe hidratar em fogo baixo por aproximadamente 5 minutos. Adicione ao cuscuz, misture o coentro e sirva com os legumes grelhados.

HAMBÚRGUER DE RICOTA COM MOLHO DE TOMATE

4 PORÇÕES
30 MINUTOS

MOLHO

2 colheres (sopa) de azeite

2 dentes de alho picados

2 tomates picados

700 g de molho de tomate

4 filés de anchovas

8 azeitonas pretas picadas

1 colher (sopa) de vinagre balsâmico

1 pimenta vermelha seca

½ maço de hortelã picada

HAMBÚRGUER

400 g de ricota passada pela peneira

1 pacote pequeno (50 g) de queijo parmesão ralado

1 colher (chá) de raspas da casca de limão

1 colher (sopa) de farinha trigo

sal a gosto

azeite para untar

MOLHO

Em uma panela coloque o azeite com o alho. Quando começar a dourar, acrescente o tomate, o molho de tomate, a anchova, a azeitona, o vinagre balsâmico, a pimenta e a hortelã. Deixe ferver até apurar.

HAMBÚRGUER

1 Em uma tigela, coloque a ricota, o queijo parmesão, as raspas de limão e a farinha de trigo. Tempere com sal. Misture bem com as mãos e modele no formato de hambúrguer.

2 Em uma frigideira antiaderente, untada com azeite, doure os hambúrgueres dos dois lados.

3 Sirva o hambúrguer de ricota com o molho preparado.

TORTAS

EMPADÃO DE CARNE MOÍDA

12 PORÇÕES

1H

RECHEIO

500 g de carne moída

sal e pimenta-do-reino a gosto

½ cebola picada

2 dentes de alho picados

3 colheres (sopa) de azeite

3 tomates sem sementes, picados

2 batatas cozidas, sem casca, cortadas em cubos

1 xícara de azeitona preta picada (100 g)

2 colheres (sopa) de salsinha picada

páprica doce ou picante a gosto

MASSA

4¼ xícaras de farinha de trigo (500 g)

200 g de manteiga em temperatura ambiente

1 colher (chá) de sal

2 ovos

6 colheres (sopa) de água

1 gema batida para pincelar

RECHEIO

Tempere a carne com sal e pimenta. Adicione a cebola e o alho e misture. Em uma frigideira com o azeite, refogue a carne, em fogo alto, até começar a dourar. Junte o tomate e refogue por mais alguns minutos. Acrescente o restante dos ingredientes do recheio, retire do fogo e deixe esfriar um pouco.

MASSA

Na tigela da batedeira (com o batedor para massas pesadas), coloque a farinha, a manteiga, o sal e os ovos. Bata, aos poucos, e adicione a água. Aumente a velocidade até formar uma massa homogênea.

MONTAGEM

1. Abra ⅔ da massa, com o rolo, sobre o fundo de uma fôrma de fundo removível de 25 cm de diâmetro (não deixe muito grossa). Apare as bordas com uma faca e coloque o fundo na fôrma. Faça rolos de massa e coloque-os ao redor da massa já aberta no fundo da fôrma, aperte com as pontas dos dedos, por toda a beirada, para fazer a lateral da torta. Fure o fundo com um garfo, para não levantar bolhas.

2. Espalhe o recheio. Abra o restante da massa, sobre um pedaço de filme de PVC e cubra o recheio. Retire o filme e feche bem as laterais da torta. Se sobrar massa, corte tiras e decore a torta. Faça alguns furos para não formar bolhas de ar e pincele com a gema.

3. Leve ao forno moderado (180 °C), preaquecido, por cerca de 40 minutos, até dourar.

EMPADÃO DA VOVÓ

10 PORÇÕES
1H

....

RECHEIO

2 peitos de frango com osso

1 cenoura cortada em pedaços

1 salsão cortado em pedaços

1 folha de louro

2 cravos

5 grãos de pimenta-do-reino

1 litro de água

1 cebola picada

3 colheres (sopa) de azeite

3 tomates picados, sem sementes

1 vidro de palmito picado

1 lata de ervilha

1 xícara de vinho branco seco

½ colher (chá) de páprica

1 colher (sopa) de amido de milho (dissolvido em um pouco de água)

sal e molho de pimenta a gosto

4 colheres (sopa) de cheiro--verde picado

RECHEIO

1 Em uma panela, coloque os sete primeiros ingredientes e leve ao fogo alto até ferver. Reduza a chama e cozinhe até o peito de frango ficar macio. Deixe esfriar um pouco, desfie o frango ou passe pelo processador. Reserve o caldo.

2 Frite a cebola no azeite até murchar. Acrescente o tomate e refogue rapidamente. Adicione o palmito, a ervilha e o vinho. Ferva até evaporar o álcool, por alguns minutos. Junte o frango desfiado, a páprica e o amido dissolvido. Mexa até engrossar ligeiramente (se necessário, adicione um pouco do caldo do cozimento do frango para ficar bem cremoso). Tempere a gosto com sal, pimenta e cheiro-verde. Retire do fogo e deixe esfriar.

MASSA

4 xícaras de farinha de trigo
½ colher (chá) de sal
1 colher (chá) de fermento químico em pó
200 g de manteiga gelada cortada em cubos pequenos
1 lata de creme de leite com soro e gelado

....

1 gema para pincelar

MASSA

1. Em uma vasilha, coloque os ingredientes secos com a manteiga e esfarele com as mãos até formar uma farofa. Adicione o creme de leite, amasse ligeiramente com as mãos até formar uma massa homogênea.
2. Abra ⅓ da massa, com o rolo, sobre o fundo de uma fôrma de fundo removível de 23 cm de diâmetro (não deixe muito grossa). Apare as bordas com uma faca e coloque o fundo na fôrma. Faça rolos de massa e coloque-os ao redor da massa já aberta (no fundo da fôrma), aperte com as pontas dos dedos, por toda a beirada, para fazer a lateral da torta. Fure o fundo com um garfo, para não levantar bolhas. Cubra com uma folha dupla de papel-alumínio e encha com grãos secos de feijão (para não levantar bolhas). Asse a massa em forno moderado (180 °C), preaquecido, por 20 minutos.

MONTAGEM

1. Retire o alumínio com os grãos e espalhe o recheio. Abra o restante da massa sobre uma superfície polvilhada com farinha e com a ajuda do rolo cubra a torta. Dê o acabamento apertando bem as bordas de massa. Faça alguns furos com a ponta de um garfo e decore com o restante da massa.
2. Pincele com a gema e leve novamente ao forno, por mais 30 minutos ou até dourar.

FOTO P. 88

RECEITA P. 86

RECEITA P. 90

TORTA SERTANEJA

12 PORÇÕES

2 H

....

MASSA

150 g de manteiga gelada

2 gemas

2 colheres (sopa) de creme de leite

1 colher (chá) de sal

2 xícaras de farinha de trigo

1 gema batida com 1 colher (sopa) de leite para pincelar

....

PURÊ DE AIPIM

1 colher (sopa) de margarina

1 xícara de leite

1 xícara de aipim ralado e espremido

2 gemas

sal e pimenta a gosto

MASSA

1 Em uma tigela, coloque a manteiga, as gemas, o creme de leite e o sal. Aos poucos, acrescente a farinha de trigo, até formar uma massa homogênea que não grude nas mãos. Envolva-a em filme de PVC e leve à geladeira por cerca de 15 minutos.

2 Abra a massa e forre com ela o fundo e a lateral de uma fôrma de fundo removível de 27 cm de diâmetro. Fure a base com um garfo e pincele com a gema misturada com o leite.

3 Leve ao forno preaquecido a 180 °C e asse por cerca de 25 minutos, até começar a dourar.

PURÊ DE AIPIM

Em uma panela, misture bem todos os ingredientes e leve ao fogo, sempre mexendo, até obter um creme espesso. Despeje sobre a massa pré-assada. Reserve.

RECHEIO

½ xícara de manteiga de garrafa

1 cebola grande

500 g de carne de sol dessalgada afervendada e desfiada

200 g de carne de fumeiro afervendado e desfiado

1 xícara de maturi (castanha-de-caju verde)

pimenta dedo-de-moça e biquinho picadas sem semente

2 bananas-da-terra cortadas em rodelas e fritas

½ xícara de queijo coalho cortado em cubos

....

COBERTURA

1 xícara de leite

1 colher (sopa) de margarina

2 gemas

1 colher (sopa) de farinha de trigo

1 colher (sopa) de amido de milho

1 colher (sopa) de queijo parmesão ralado

sal e pimenta a gosto

½ caixinha de creme de leite

2 claras

RECHEIO

Leve ao fogo uma panela com a manteiga de garrafa e refogue a cebola. Junte as carnes desfiadas e frite por alguns minutos. Adicione o maturi e as pimentas picadas. Junte a banana frita e o queijo coalho e misture bem. Desligue o fogo e espalhe a mistura sobre o purê de aipim. Reserve.

COBERTURA

1 Em uma panela, misture o leite, a margarina, as gemas, a farinha de trigo, o amido de milho e o parmesão. Tempere com sal e pimenta e leve ao fogo, mexendo sempre, até ferver e engrossar. Desligue e espere esfriar.

2 Junte o creme de leite e misture bem. Adicione as claras batidas em neve e misture delicadamente. Despeje sobre o recheio de carne e leve ao forno para gratinar.

FOTO P. 89

MINIQUICHE DE CEBOLA E GRUYÈRE

4 PORÇÕES

1H

MASSA

2 xícaras de farinha de trigo

100 g de manteiga

¼ de xícara de água

1 ovo

uma pitada de sal

CREME

3 ovos

¾ de xícara de creme de leite fresco

2 colheres (sopa) de mostarda de Dijon

sal e pimenta-do-reino moída a gosto

RECHEIO

2 cebolas cortadas em rodelas finas

50 g de manteiga

100 g de queijo gruyère ralado

MASSA

Coloque todos os ingredientes da massa no processador e bata até formar uma massa homogênea. Com pequenas porções da massa, forre o fundo e laterais de forminhas para quiche de 12 cm de diâmetro. Faça alguns furos com a ponta de um garfo para não levantar bolhas e reserve.

CREME

Em uma vasilha, bata ligeiramente todos os ingredientes. Reserve.

RECHEIO

Refogue a cebola na manteiga até dourar ligeiramente.

MONTAGEM

1 Distribua a cebola refogada entre as forminhas preparadas com a massa. Por cima, polvilhe com queijo ralado e finalize com o creme.

2 Leve ao forno moderado (180 °C), preaquecido, por cerca de 30 minutos, até dourar.

TORTA DE SALMÃO

8 PORÇÕES
1H

....

1 limão-siciliano cortado em rodelas

1 xícara de vinho branco seco

500 g de filé de salmão

sal e pimenta-do-reino em grãos a gosto

água suficiente para cobrir

3 colheres (sopa) de azeite

1 abobrinha cortada em rodelas finas

1 talo de alho-poró

2 ovos cozidos e picados

200 g de queijo tipo feta esfarelado

50 g de manteiga derretida

1 rolo de massa filo (300 g), cortada em pedaços grandes e regulares

150 g de queijo parmesão ralado

1 Coloque em uma panela as rodelas do limão e o vinho. Disponha o salmão, tempere com o sal e os grãos de pimenta. Adicione água suficiente para cobrir o peixe, tampe a panela e cozinhe em fogo moderado por cerca de 10 minutos. Retire o salmão, desmanche-o em lascas e reserve em uma tigela grande.

2 Em uma frigideira, aqueça o azeite e refogue a abobrinha junto com o alho-poró. Transfira para a tigela do salmão e adicione o ovo. Misture delicadamente e depois que esfriar um pouco acrescente o queijo feta. Verifique o sal.

3 Pincele com manteiga o fundo e as laterais de uma fôrma de aro removível com 23 cm de diâmetro.

4 Faça camadas alternadas de massa filo, deixando que sobre um palmo de massa além das bordas da fôrma. Entre as camadas, pincele aleatoriamente com a manteiga. Distribua o recheio e cubra com o excesso de massa que sobrou das bordas. Pincele a superfície da torta com manteiga e polvilhe com o parmesão.

5 Leve ao forno moderado (180 °C), preaquecido, por cerca de 30 minutos, até dourar.

DICA: SE NÃO ENCONTRAR QUEIJO FETA, SUBSTITUA POR RICOTA

TORTA INTEGRAL DE PALMITO

6 PORÇÕES
1H

RECHEIO E COBERTURA

1 vidro de palmito
1 cebola roxa grande picada
2 tomates picados
1 colher (sopa) de folhas de manjericão

MASSA

3 ovos
1 xícara de óleo de girassol
1 xícara de leite
1 xícara de iogurte
1 xícara de farinha de trigo integral
½ xícara de quinoa
½ colher (chá) de alho em pó
sal a gosto
1 colher (chá) de fermento químico em pó

RECHEIO E COBERTURA
Misture todos os ingredientes e reserve.

MASSA
Bata, no liquidificador, todos os ingredientes da massa, exceto o fermento. Assim que a massa ficar homogênea, acrescente o fermento e misture bem.

MONTAGEM

1. Derrame a metade da massa em uma assadeira, untada com óleo e polvilhada com farinha de trigo integral. Espalhe a metade da mistura do recheio, e repita as camadas de massa e recheio.
2. Leve ao forno moderado (180 °C), preaquecido, por cerca de 50 minutos, até dourar ligeiramente. Sirva cortada em pedaços regulares.

TORTA DE ABÓBORA E CHUCHU

12 PORÇÕES
1H

....

1 chuchu cortado em fatias bem finas

1 abóbora de pescoço pequena, cortada em fatias bem finas

4 ovos

2 colheres (sopa) de farinha de trigo

500 ml de creme de leite fresco

2 xícaras de queijo meia cura ralado (ou outro de sua preferência)

páprica, sal e pimenta-do-reino a gosto

1 Escalde as fatias de chuchu em água fervente por 1 minuto. Escorra.

2 Em um refratário (não pode ser de fundo removível), faça uma camada com as fatias de abóbora, em seguida faça outra camada com as fatias de chuchu. Reserve.

3 Em uma tigela, bata ligeiramente os ovos. Adicione a farinha, sem parar de bater. Acrescente o creme de leite e o queijo ralado. Tempere com páprica, sal e pimenta a gosto. Misture bem e despeje sobre as camadas dos vegetais.

4 Leve ao forno moderado (180 °C), preaquecido, por cerca de 50 minutos, até dourar ligeiramente. Sirva ainda quente.

TORTA DE ATUM COM MASSA DE ARROZ

8 PORÇÕES

1H

....

2 latas de atum escorrido

150 g de palmito picado

2 tomates picados sem sementes

1 cenoura ralada

½ xícara de azeitona preta picada

1 colher (chá) de salsinha picada

2 ovos

1 copo de iogurte natural

2 colheres (sopa) de farinha de trigo

1 colher (sopa) de manteiga derretida

2 xícaras de arroz cozido

uma pitada de sal

1 colher (chá) de fermento químico em pó

100 g de cream cheese

½ xícara de queijo parmesão ralado

1 colher (sopa) de gergelim

1 Em uma tigela, misture o atum, o palmito, o tomate, a cenoura, a azeitona e a salsinha. Reserve.

2 Bata, no liquidificador, os ovos com o iogurte, a farinha, a manteiga e o arroz cozido, até formar uma mistura homogênea. Adicione o sal e o fermento e bata apenas para misturar. Junte à tigela com a mistura de atum e mexa até que os ingredientes fiquem bem incorporados.

3 Despeje a massa sobre uma fôrma de fundo removível de 23 cm de diâmetro, untada com manteiga. Por cima, distribua colheradas de cream cheese e polvilhe com o parmesão e o gergelim.

4 Leve ao forno moderado (180 °C), preaquecido, por cerca de 40 minutos, até dourar ligeiramente. Sirva ainda quente.

TORTA ABERTA DE ESCAROLA

8 PORÇÕES
50 MIN

MASSA

3 xícaras de farinha de trigo
2 colheres (sopa) de margarina
1 tablete de caldo de galinha
1 colher (sopa) de fermento químico em pó
1 lata de creme de leite com soro

RECHEIO

⅓ de xícara de azeite
2 cebolas cortadas em rodelas
6 dentes de alho fatiados
2 pés de escarola fatiados
½ xícara de azeitonas pretas fatiadas
sal e pimenta-do-reino a gosto
200 g de mozarela ralada
2 tomates em rodelas
1 lata pequena de aliches em conserva escorridos
½ colher (chá) de orégano seco

MASSA

Coloque em uma vasilha a farinha, a margarina, o caldo esfarelado, o fermento e misture muito bem com as mãos ou com um garfo. Depois acrescente o creme de leite, misture e coloque na mesa enfarinhada. Sove com as mãos para secar mais um pouquinho a massa e deixe descansar coberta por 20 minutos.

RECHEIO

1 Refogue no azeite a cebola, em seguida o alho, a escarola, as azeitonas e acerte o sal e a pimenta. Quando a escarola reduzir de tamanho, está pronto.

2 Para montagem, abra com as mãos a massa em uma assadeira levemente untada com azeite. Disponha por toda a superfície o refogado de escarola, depois adicione montinhos de mozarela e entre eles disponha também, de maneira harmoniosa, as rodelas de tomates e os filezinhos de aliche (se desejar). Tempere com orégano. Deixe a torta descansar por 10 minutos para que os ingredientes se encontrem e troquem os sabores entre si.

3 Leve ao forno moderado por aproximadamente 15 minutos ou até que a massa esteja assada, macia e gostosa!

TORTA ESPIRAL DE LEGUMES

6 PORÇÕES
60 MINUTOS

MASSA

1 gema
¼ de xícara de água
uma pitada de sal
2 xícaras de farinha de trigo
125 g de manteiga

RECHEIO

¼ de xícara de creme de leite
100 g de ricota
3 ovos
2 abobrinhas cortadas em fitas finas no sentido do comprimento
1 pimentão vermelho sem sementes cortado em tiras finas
1 pimentão amarelo sem sementes cortado em tiras finas
tomilho a gosto
sal e pimenta-do-reino a gosto

MASSA

Misture a gema com a água e sal. Em outra vasilha misture a farinha e a manteiga. Junte a mistura de gema e trabalhe com a ponta dos dedos até formar a massa. Forme uma bola, com a massa, envolva com filme plástico e leve à geladeira por um mínimo 1 hora. Abra a massa em 6 mini fôrmas para quiche ou em uma grande, se preferir. Fure com um garfo e reserve.

RECHEIO

1. Bata o creme de leite com a ricota e ovos até formar uma mistura homogênea. Adicione o tomilho e tempere com sal e pimenta. Despeje sobre a massa.
2. Disponha os vegetais (pele para cima) a partir do lado de fora da massa, fazendo uma volta com cada vegetal até chegar ao centro. Salpique com o tomilho e tempere com sal e pimenta.
3. Leve ao forno moderado (180 °C) e asse por cerca de 35 minutos, até começar a dourar.

DICA: SE GOSTAR, INCLUA FATIAS DE BERINJELA NO SEU MIX DE LEGUMES PARA ESTA TORTA.

SALGADINHOS

SANDUBINHA DE PRESUNTO E QUEIJO

20 UNIDADES
1H (MAIS 30 MIN DE DESCANSO)

....

2½ xícaras de farinha de trigo
½ envelope de fermento
　　biológico seco (5 g)
2 colheres (sopa) de
　　açúcar mascavo
uma pitada de sal
1 xícara de leite morno
1 colher (sopa) de ketchup
1 colher (sopa) de orégano
200 g de mozarela cortada
　　em fatias
200 g de presunto cortado
　　em fatias
100 g de mortadela cortada
　　em fatias

....

óleo para untar
1 ovo ligeiramente batido
　　para pincelar
salsinha picada a gosto
　　para polvilhar

1 Na tigela da batedeira, coloque a farinha, o fermento, o açúcar e o sal. Ligue a batedeira com o gancho (batedor próprio para massas pesadas) e, aos poucos, adicione o leite morno. Bata por alguns minutos até formar uma massa homogênea (ela deverá "embolar" no batedor).

2 Sobre uma superfície lisa e enfarinhada, abra pequenas porções da massa em um retângulo de cerca de 20 × 30 cm. Pincele com ketchup (deixe as bordas sem pincelar), polvilhe com o orégano e distribua fatias de mozarela com presunto ou mozarela com mortadela. Enrole pelo lado maior, formando um rocambole, e corte em rodelas grossas.

3 Coloque-os em assadeira untada com óleo e polvilhada com farinha de trigo (deixe a emenda da massa para baixo, assim os sandubinhas não se abrirão). Deixe descansar de 15 a 30 minutos para a massa crescer.

4 Pincele os rolinhos com a gema e polvilhe com a salsinha. Leve ao forno moderado (180 ºC), preaquecido, por cerca de 20 a 30 minutos, até começar a dourar. Sirva quente ou em temperatura ambiente.

CROQUETE DE FRANGO COM MOLHO

3 PORÇÕES
40 MIN

....

CROQUETE

250 g de peito de frango cortado em cubos

sal e pimenta-do-reino a gosto

2 colheres (sopa) de azeite

1 alho-poró cortado em fatias finas

3 colheres (sopa) de cebola picada

1 colher (sopa) de cebolinha verde

½ colher (sopa) de gengibre ralado

2 ovos

1 colher (sopa) de molho de soja

4 colheres (sopa) de farinha de rosca

....

MOLHO

3 colheres (sopa) de molho de soja

1 colher (sopa) de vinagre de arroz

1 colher (chá) de gergelim

1 colher (sopa) de açúcar mascavo

CROQUETE

1 Tempere o frango com sal e pimenta. Leve ao fogo uma frigideira com o azeite e refogue os pedaços de frango até que fiquem macios. Junte o alho-poró, a cebola, a cebolinha e o gengibre. Refogue rapidamente até murchar.

2 Deixe esfriar um pouco e bata no processador. Adicione o ovo, o molho de soja e a farinha de rosca e bata somente até misturar. Deixe esfriar completamente na geladeira e em seguida modele os croquetes. Aos poucos, frite em óleo quente e escorra em papel-toalha.

MOLHO

Misture todos os ingredientes e sirva com os croquetes ainda quentes.

PASTEL DE FORNO

15 UNIDADES
1H30 (MAIS 20 MIN DE DESCANSO)

RECHEIO DE FRANGO

2 colheres (sopa) de azeite
1 cebola picada
500 g de peito de frango cozido e desfiado
½ colher (chá) de páprica
3 colheres (sopa) de salsinha picada
2 xícaras de requeijão cremoso (tipo Catupiry)
sal e pimenta do reino a gosto

RECHEIO DE CARNE

1 colher (chá) de azeite
2 dentes de alho espremidos
500 g de carne moída (patinho)
1 pimenta dedo-de-moça picada sem sementes
50 g de azeitona verde picada
½ xícara de salsinha picada

MASSA

5 xícaras de farinha de trigo
200 g de manteiga gelada, sem sal, cortada em cubos
½ colher (chá) de açúcar
1 colher (chá) de sal
50 g de queijo parmesão ralado fino
½ colher (chá) de fermento químico em pó
2 ovos
¼ de xícara de leite
2 ovos ligeiramente batidos para pincelar

RECHEIO

Prepare cada um, apenas misturando todos os ingredientes. Reserve.

MASSA

1 Coloque em uma vasilha a farinha e a manteiga. Misture bem, com a ponta dos dedos, até formar uma farofa. Acrescente o restante dos ingredientes pela ordem e misture com as mãos até obter uma massa homogênea. Envolva com filme de PVC e deixe descansar por 20 minutos (para que a massa fique mais elástica).

2 Sobre uma superfície lisa e enfarinhada, aos poucos, abra a massa com espessura bem fina. Corte-a com um cortador redondo.

3 Em cada círculo, coloque uma colherada de recheio, dobre o círculo ao meio, pincele as bordas com água e feche cada pastel, apertando bem as extremidades. Pincele com o ovo e leve ao forno moderado (180 ºC), preaquecido, por cerca de 30 a 40 minutos, até dourar.

COXINHA TURBINADA

20 UNIDADES
1H30

RECHEIO

1 cebola pequena picada
2 colheres (sopa) de margarina
200 g de peito de frango cozido e desfiado
1 colher (chá) de colorau
½ colher (chá) de sal
pimenta-do-reino a gosto
3 colheres (sopa) de salsinha ou cheiro-verde picado
150 g de mozarela ralada

MASSA

100 g de cenoura cozida
100 g de batata cozida
100 g de mandioquinha cozida
1 cubo de caldo de legumes
100 g de creme de leite
¼ de xícara de água
2 colheres (sopa) de margarina
3 xícaras de farinha de trigo
3 colheres (sopa) de salsinha
3 ovos batidos para empanar
300 g de farinha de rosca ou panko para empanar
óleo para fritar

RECHEIO

Refogue a cebola na margarina. Acrescente o frango, o colorau, o sal e a pimenta. Refogue rapidamente, retire do fogo e adicione a salsinha. Deixe esfriar e junte a mussarela. Misture bem e reserve.

MASSA

1 No liquidificador coloque a cenoura, a batata, a mandioquinha, o caldo, o creme de leite, a água e a margarina. Bata até virar um creme homogêneo e levemente espesso.

2 Transfira essa mistura para uma panela, deixe levantar fervura e acrescente a farinha de trigo de uma vez, mexendo sem parar por aproximadamente 6 minutos.

3 Em uma bancada, despeje a massa e adicione a salsinha picada mexendo sempre com auxílio de uma espátula. Após esfriar, sove com as mãos até a massa ficar lisa e homogênea.

MONTAGEM

Aos poucos, molde as coxinhas: abra uma porção de massa, nas mãos. Coloque 1 colher (sopa) de recheio, modele em formato de coxinhas, passe pelo ovo batido, pela farinha de sua preferência e frite em óleo quente. Escorra em papel-toalha e sirva.

EMPADINHA DE CAMARÃO

12 UNIDADES

1H

RECHEIO

400 g de camarão

½ cebola picada

1 dente de alho amassado

1 tomate picado e sem sementes

cheiro-verde a gosto

sal e pimenta-do-reino a gosto

3 colheres (sopa) de farinha de trigo

MASSA

2 xícaras de farinha de trigo

½ colher (chá) de sal

5 colheres (sopa) de manteiga

¼ de colher (chá) de fermento químico em pó

2 ovos, mais 1 ovo batido para pincelar

RECHEIO

Refogue todos os ingredientes, exceto a farinha, que deve ser adicionada por último. Deixe esfriar.

MASSA

Coloque todos os ingredientes da massa no processador e bata até formar uma massa homogênea.

MONTAGEM

Forre as forminhas de empada com ⅔ da massa. Recheie com o camarão e cubra com uma rodela de massa. Aperte bem as laterais. Pincele com o ovo e leve ao forno moderado (180 °C), preaquecido, por cerca de 30 minutos, até dourar.

RISSOLE DE CARNE

15 UNIDADES
1H

....

RECHEIO

2 dentes de alho picados

1 cebola picada

2 colheres (sopa) de azeite

250 g de carne moída (patinho)

1 colher (sopa) de salsinha picada

½ xícara de azeitona verde picada

sal e molho de pimenta a gosto

....

MASSA

2 xícaras de água

1 tablete de caldo de legumes

1 xícara de leite

3 xícaras de farinha de trigo

2 colheres (sopa) de salsinha picada

....

2 ovos batidos para empanar

1 xícara de farinha de rosca para empanar

óleo para fritar

RECHEIO

Doure o alho e a cebola no azeite. Junte a carne e refogue por alguns minutos, até começar a dourar. Acrescente o restante dos ingredientes e deixe esfriar.

MASSA

Leve ao fogo uma panela com a água, o caldo de legumes e o leite. Quando levantar fervura, junte a farinha de uma só vez, sempre mexendo. Adicione a salsinha e misture sem parar, até que fique uma massa lisa, que solte do fundo da panela. Deixe esfriar um pouco.

MONTAGEM

Abra pequenas porções em formato redondo, sobre uma superfície lisa untada levemente com óleo. Coloque um pouco do recheio, dobre a massa sobre ele e modele em formato de meia-lua. Passe pelo ovo e pela farinha e frite em óleo quente.

EMPANADA CHILENA

12 UNIDADES
1H (MAIS 1H DE DESCANSO)

MASSA

2 xícaras de farinha de trigo
1 colher (sopa) de sal
100 g de manteiga em temperatura ambiente
1½ xícara de água

RECHEIO

100 g de manteiga
2 cebolas picadas
1 pimentão verde pequeno cortado em cubos
1 pimentão vermelho pequeno cortado em cubos
1 xícara de cebolinha verde picada
500 g de carne moída
½ xícara de uva-passa branca
3 ovos cozidos picados
2 xícaras de azeitona verde picada
1 colher (sopa) de orégano
½ colher (chá) de cominho
sal e pimenta-do-reino a gosto

1 gema batida para pincelar

MASSA

Misture bem todos os ingredientes da massa, até ficarem bem incorporados. Amasse bem até formar uma massa homogênea. Cubra com filme de PVC e deixe descansar por cerca de 1 hora.

RECHEIO

Derreta a manteiga e refogue a cebola, os pimentões e a cebolinha. Junte a carne moída e refogue, até começar a dourar. Retire a panela do fogo, acrescente o restante dos ingredientes, misture e reserve.

MONTAGEM

1 Divida a massa em pequenas porções. Sobre um superfície lisa e enfarinhada, abra cada uma, com um rolo de macarrão, em espessura bem fina. Corte com um aro e forme discos. Recheie com a carne, dobre a massa na metade e torça as bordas.

2 Coloque em uma assadeira untada com óleo e polvilhada com farinha de trigo. Pincele com a gema e leve ao forno moderado (180 ºC), preaquecido, por cerca de 30 minutos ou até que fique dourada. Sirva ainda quente.

BOLOVO

20 UNIDADES
1H

....

500 g de coxão duro ou coxão mole cortado em pedaços
3 colheres (sopa) de óleo
2 dentes de alho picados
1 cebola picada
1 folha de louro
½ xícara de molho de soja
1 tablete de caldo de carne
1 pimenta-malagueta seca
½ lata grande de extrato de tomate
2 tomates picados
1 litro de água
1 ovo
½ xícara de cheiro-verde picado
1 xícara de farinha de trigo
20 ovos de codorna cozidos e descascados

....

2 ovos batidos para empanar
2 xícaras de farinha de rosca para empanar
óleo para fritar

1 Em uma panela de pressão, doure bem a carne no óleo. Acrescente o alho, a cebola e o louro e refogue bem. Junte o molho de soja, o caldo de carne, o extrato e o tomate. Adicione a água e misture.

2 Cozinhe na pressão por aproximadamente 20 minutos ou até a carne ficar macia. Retire a carne, desfie bem ou passe pelo processador. Junte o ovo, o cheiro-verde e, aos poucos, a farinha, até formar uma massa homogênea. Deixe esfriar.

3 Molde os bolinhos: aos poucos, abra na mão uma pequena porção da massa de carne e envolva completamente cada ovo de codorna. Passe no ovo batido e na farinha de rosca. Frite em óleo quente, escorra em papel-toalha e sirva ainda quente.

CROQUETE DE PERNIL

12 UNIDADES
1H (MAIS 1H DE DESCANSO)

....

suco de 1 limão
1 folha de louro
½ xícara de cachaça
1 xícara de água
1 colher (sopa) de colorau
½ maço de salsinha picada
1 cebola picada
4 dentes de alho picados
uma pitada de pimenta calabresa
1,5 kg de pernil suíno cortado em cubos médios
3 colheres (sopa) de azeite
1 pimentão vermelho pequeno, cortado em cubos
1 cebola picada
uma pitada de açúcar
1 lata de cerveja
½ colher (chá) de sal
1 batata cozida
1 ovo
1 xícara de farinha de trigo
½ xícara de cheiro-verde picado

....

1 xícara de farinha de trigo para empanar
2 ovos batidos para empanar
1 xícara de farinha de rosca para empanar
óleo para fritar

1 Em uma vasilha, misture os nove primeiros ingredientes. Junte os cubos de pernil, misture e deixe marinar na geladeira por cerca de 1 hora.

2 Escorra os cubos de carne (reserve o tempero) e doure-os no azeite. Acrescente o pimentão, a cebola e o açúcar e refogue. Adicione a cerveja, o sal e a marinada reservada. Cozinhe tudo em fogo moderado até que a carne fique macia e desmanchando.

3 Escorra a carne e passe pelo processador até ficar bem desfiada (guarde o caldo de seu cozimento para o preparo de arroz ou sopa). Junte a batata, o ovo, a farinha e o cheiro-verde. Processe até misturar bem todos os ingredientes.

4 Faça os bolinhos e empane: passe pela farinha de trigo, pelo ovo batido e, por último, pela farinha de rosca.

5 Aos poucos, frite em óleo quente, escorra em papel-toalha e sirva ainda quente.

DICA: PARA ACELERAR O PREPARO, O PERNIL PODE SER COZIDO NA PANELA DE PRESSÃO POR CERCA DE 15 MINUTOS.

PÃES E LANCHES

BOLO SALGADO DE ESPINAFRE

8 PORÇÕES
50 MIN

....

1½ xícara de farinha de trigo
uma pitada de sal e pimenta-
 -do-reino
3 ovos ligeiramente batidos
¾ de xícara de leite
100 g de manteiga derretida
200 g de espinafre cozido,
 espremido e picado
125 g de queijo gorgonzola
 esmigalhado grosseiramente
4 colheres (sopa) de
 castanha-do-pará picada
1 colher (chá) de fermento
 químico em pó

1 Em uma tigela, coloque a farinha com a pitada de sal e pimenta. Acrescente os ovos, o leite e a manteiga, sempre mexendo com um fouet (batedor de arame).

2 Junte o espinafre, o gorgonzola e a metade da castanha-do-pará. Por último, adicione o fermento e misture delicadamente.

3 Coloque em uma fôrma de bolo inglês (10 × 24 cm) forrada com papel-manteiga untado com manteiga. Polvilhe com o restante da castanha e leve ao forno moderado (180 °C), preaquecido, por cerca de 30 a 40 minutos, até começar a dourar. Sirva quente ou em temperatura ambiente.

PÃO CASEIRO DA ROÇA

12 PORÇÕES
1H (MAIS 1H DE DESCANSO)

3 xícaras de farinha trigo
2 tabletes (30 g) de fermento biológico fresco
4 colheres (sopa) de açúcar
½ colher (chá) de sal
1 ovo
4 colheres (sopa) de óleo
1 xícara de água morna

1 Na tigela da batedeira, com o gancho (batedor próprio para massas pesadas), coloque a farinha, o fermento, o açúcar e sal. Ligue e adicione o ovo, o óleo e, aos poucos, a água. Bata até que a massa fique lisa.

2 Coloque a massa em uma fôrma de bolo inglês (11 × 28 × 7 cm), untada com manteiga e polvilhada com farinha de trigo. Deixe descansar em lugar protegido, até a massa dobrar de volume, por cerca de 1 hora.

3 Asse em forno moderado (180 °C), preaquecido, por cerca de 50 minutos, até dourar ligeiramente.

PÃO SALGADO RECHEADO

15 FATIAS
1H (MAIS 1H DE DESCANSO)

MASSA

2½ xícaras de farinha de trigo
1 ovo
1 tablete (15 g) de fermento biológico fresco
1 colher (chá) de açúcar
¾ de xícara de leite levemente aquecido
1 colher (chá) de sal
1 colher (sopa) de azeite

RECHEIO

3 colheres (sopa) de azeite
2 dentes de alho amassados
1 cebola picada
300 g de carne moída
100 g de linguiça calabresa cortada em cubinhos
sal, tomilho e alecrim fresco a gosto
1 colher (chá) de pimenta-de-caiena
50 g de azeitonas verdes picadas

1 ovo ligeiramente batido para pincelar

MASSA

Coloque na tigela da batedeira com o gancho (batedor próprio para massas pesadas) a farinha, o ovo, o fermento e o açúcar. Ligue e, aos poucos, adicione o leite. Bata bem, adicione o sal e o azeite e bata mais por alguns minutos, até que a massa fique lisa. Cubra com filme de PVC e deixe descansando por aproximadamente 20 minutos.

RECHEIO

Leve ao fogo médio uma frigideira com o azeite e frite o alho com a cebola. Junte a carne, aumente a chama e refogue até secar. Junte a linguiça e tempere com sal, tomilho e alecrim a gosto. Adicione a pimenta caiena e a azeitona. Retire do fogo e deixe esfriar.

MONTAGEM

1 Abra a massa, com o rolo, sobre uma superfície polvilhada com farinha, num retângulo de 30 × 36 cm.

2 Distribua o recheio, deixando as bordas livres. Enrole, pelo lado mais comprido da massa, como um rocambole. Coloque em uma fôrma de bolo inglês de 13,5 × 24 × 7 cm, untada com azeite e polvilhada com farinha.

3 Deixe crescer, em lugar protegido, por 1 hora ou até dobrar de volume.

4 Pincele o ovo batido e asse em forno moderado (180 °C), preaquecido, por cerca de 50 minutos, até dourar ligeiramente. Sirva cortado em fatias.

FOCACCIA

6 PORÇÕES
1H (MAIS 1H10 DE DESCANSO)

....

2 xícaras de farinha de trigo
1 colher (sopa) de açúcar
1 colher (chá) de sal
½ xícara de água morna
¼ de xícara de azeite
1 tablete (15 g) de fermento biológico fresco
100 g de tomates cereja cortados ao meio
alecrim, sal grosso e azeite a gosto

1 Para o preparo da massa, coloque na tigela da batedeira com a raquete (batedor próprio para massas não muito pesadas) a farinha com o açúcar e o sal. Ligue a batedeira e, aos poucos, adicione a água. Bata bem e junte o azeite e o fermento fresco. Bata por mais 5 minutos, até a massa ficar homogênea e pegajosa.

2 Transfira a massa para uma tigela bem untada com azeite. Cubra com filme de PVC e deixe crescer, em lugar protegido, por cerca de 40 minutos, até dobrar de volume.

3 Após esse período, transfira para uma assadeira de 24 × 32 cm forrada com papel-manteiga, molhado e escorrido. Com a ponta dos dedos faça pequenas depressões na superfície da massa. Espalhe os tomatinhos e o alecrim, polvilhe com sal grosso e regue com um fio de azeite.

4 Deixe crescer novamente por mais 40 minutos e asse em forno moderado (180 °C), preaquecido, por cerca de 40 minutos, até dourar ligeiramente. Retire da fôrma e sirva cortada em pedaços.

PÃO DE MINUTO

30 UNIDADES
1H (MAIS 1H DE DESCANSO)

....

1 xícara de leite morno

½ xícara de óleo

2 colheres (sopa) de açúcar

2 ovos

uma pitada de sal

2 tabletes (30 g) de fermento biológico fresco ou 1 envelope (10 g) de fermento biológico seco instantâneo

4½ xícaras de farinha de trigo

....

1 ovo ligeiramente batido para pincelar

ervas picadas para polvilhar

1 Bata no liquidificador o leite, o óleo, o açúcar, os ovos, o sal e o fermento. Transfira para a tigela da batedeira com o gancho (batedor próprio para massas pesadas) e, aos poucos, adicione a farinha. Bata por alguns minutos até formar uma massa homogênea.

2 Divida a massa em partes iguais e forme bolinhas. Coloque cada em uma assadeira (não precisa ser untada), lado a lado.

3 Deixe crescer, em lugar protegido, por cerca de 1 hora, até dobrar de volume. Pincele com o ovo e se desejar polvilhe com as ervas.

4 Asse em forno moderado (180 ºC), preaquecido, por cerca de 30 minutos, até começar a dourar.

DICA: USE UM MIX DE ERVAS PARA POLVILHAR, COMO TOMILHO E ALECRIM

PÃO DE NOZES

25 UNIDADES
1H (MAIS 40 MIN DE DESCANSO)

....

4 xícaras de farinha de trigo
½ xícara de leite morno
½ xícara de suco de laranja
1 tablete (15 g) de fermento biológico fresco
2 ovos batidos
½ xícara de açúcar
1 xícara de nozes picadas grosseiramente

....

metades de nozes para decorar
1 ovo ligeiramente batido para pincelar

1 Para o preparo da massa, coloque na tigela da batedeira com o gancho (batedor próprio para massas pesadas) a farinha, o leite, o suco de laranja e o fermento biológico. Acrescente os ovos e o açúcar e bata até que fique uma massa lisa. Adicione as nozes e bate até incorporar.

2 Divida a massa em partes iguais e forme bolinhas. Coloque cada em uma assadeira untada com manteiga, lado a lado. Decore com as metades de nozes e deixe crescer, em lugar protegido, por cerca de 40 minutos, até dobrar de volume.

3 Pincele com o ovo e asse em forno moderado (180 °C), preaquecido, por cerca de 30 minutos, até começar a dourar.

BOLOS

BOLO GELADO DE MARACUJÁ

10 PORÇÕES
50 MIN (1H DE GELADEIRA)

MASSA

4 ovos
2 xícaras de açúcar
¾ de xícara de suco de maracujá concentrado
¼ de xícara de óleo
2½ xícaras de farinha de trigo
½ colher (sopa) de fermento químico em pó

COBERTURA

1 lata de leite condensado
¼ de xícara de suco concentrado de maracujá
sementes de 1 maracujá para enfeitar

MASSA

1. No liquidificador, bata bem os ovos com o açúcar, o suco e o óleo. Transfira para uma tigela grande e aos poucos adicione a farinha misturada com o fermento. Com uma espátula, misture delicadamente até obter uma massa homogênea. Despeje em uma fôrma de buraco no meio com 24 cm de diâmetro, untada com manteiga e polvilhada com farinha.
2. Asse em forno moderado (180 °C), preaquecido, por cerca de 30 minutos, até que, ao enfiar um palito no centro, ele saia limpo.

COBERTURA

1. Em uma tigela, misture bem o leite condensado com o suco concentrado de maracujá, até engrossar ligeiramente.
2. Retire o bolo do forno, deixe esfriar um pouco e desenforme. Fure aleatoriamente sua superfície com um palito. Espalhe a cobertura e as sementes da fruta e deixe esfriar. Corte em quadrados e leve à geladeira até a hora de servir.

ROCAMBOLE DE GOIABADA

10 PORÇÕES
50 MIN

MASSA

6 ovos
6 colheres (sopa) de açúcar
1 colher (sopa) de essência de baunilha
6 colheres (sopa) de farinha de trigo

RECHEIO

300 g de goiabada picada
suco de 2 laranjas coado

manteiga para untar
2 colheres (sopa) de açúcar de confeiteiro peneirado para polvilhar

DICA: O RECHEIO DE GOIABADA PODE SER SUBSTITUÍDO POR DOCE DE LEITE OU GELEIA DE FRUTA.

MASSA

1. Na batedeira, bata bem os ovos com o açúcar e a baunilha até dobrar de volume, por cerca de 10 a 12 minutos. Em seguida, desligue a batedeira e acrescente, aos poucos, a farinha e mexa delicadamente com um fouet (batedor de arame), fazendo movimentos de baixo para cima. Espalhe a massa em uma assadeira própria para rocambole (com bordas baixas), untada levemente com manteiga (somente para segurar o papel-manteiga) e forrada com papel-manteiga.

2. Asse em forno moderado (180 °C), preaquecido, por cerca de 20 a 25 minutos, até que a massa doure ligeiramente em sua superfície e embaixo também. Retire do forno e deixe esfriar. Polvilhe com a metade do açúcar de confeiteiro.

RECHEIO

Leve ao fogo baixo uma panela pequena com a goiabada e o suco de laranja, mexendo até derreter e formar uma mistura lisa. Deixe esfriar.

MONTAGEM

Desenforme sobre uma superfície polvilhada com o restante do açúcar de confeiteiro e retire o papel-manteiga. Espalhe o recheio, deixando as bordas livres e enrole a massa, pelo lado mais comprido. Cubra com filme de PVC e deixe descansar por 1 hora. Polvilhe com açúcar de confeiteiro e sirva.

BOLO DE MILHO CREMOSO

12 PORÇÕES
50 MIN

....

1 lata de milho em conserva escorrido

2 xícaras de açúcar

½ xícara de óleo

3 ovos

2 xícaras de leite

9 colheres (sopa) de fubá

1 colher (sopa) de fermento químico em pó

....

manteiga para untar

açúcar de confeiteiro para polvilhar

1 Coloque, no copo do liquidificador, o milho com o açúcar, o óleo e os ovos. Bata bem até que o milho fique bem triturado. Aos poucos, acrescente o leite, alternando com o fubá. Bata até formar uma mistura homogênea. Adicione o fermento e bata somente até misturar.

2 Despeje em uma fôrma assadeira de 21 × 28 cm, untada com manteiga e polvilhada com fubá.

3 Asse em forno moderado (180 °C), preaquecido, por cerca de 40 minutos, até que a massa doure ligeiramente em sua superfície. Deixe esfriar um pouco, desenforme e polvilhe com o açúcar de confeiteiro.

BOLO DE ABACAXI COM CHOCOLATE BRANCO

15 PORÇÕES
1H

MASSA

5 ovos
2 xícaras de açúcar
1 colher (sopa) de fermento químico em pó
1 xícara de leite
2 xícaras de farinha de trigo

RECHEIO

1 lata de abacaxi em calda
500 g de chocolate branco derretido
1 caixinha de creme de leite

1 xícara de raspas de chocolate branco para decorar

MASSA

1. Bata os ovos na batedeira em velocidade máxima até formar uma espuma clara. Acrescente, aos poucos, o açúcar. Assim que ele estiver totalmente dissolvido, diminua a batedeira para a potência mínima e acrescente o leite e a farinha de trigo misturada com o fermento. Bata até que fique uma massa homogênea.
2. Despeje em duas fôrmas de 20 cm de diâmetro, untadas com manteiga e polvilhadas com farinha.
3. Asse em forno moderado (180 °C), preaquecido, por cerca de 40 minutos, até que, ao enfiar um palito no centro, ele saia limpo. Desenforme ainda morno.

RECHEIO

1. Corte o abacaxi em cubinhos e reserve a calda.
2. Em uma tigela, coloque o chocolate branco derretido em banho-maria acrescente o creme de leite e mexa bem até virar um creme liso e brilhante.

MONTAGEM

Corte o bolo ao meio. Regue com a calda de abacaxi, espalhe uma camada do creme de ganache e cubra com o abacaxi em pedaços. Coloque a outra metade da massa, fure com a ponta de um garfo e regue com a calda. Cubra com o restante do creme de chocolate. Distribua as raspas de chocolate branco. Leve à geladeira até a hora de servir.

BOLO DE AMEIXAS VERMELHAS

10 PORÇÕES

1H

....

1 xícara de açúcar

100 g de manteiga em temperatura ambiente

2 ovos

1 xícara de farinha peneirada

½ colher (sopa) de fermento químico em pó

uma pitada de sal

6 ameixas vermelhas com casca, cortadas ao meio sem caroço

4 colheres (sopa) de açúcar

1 colher (chá) de canela em pó

....

½ xícara de açúcar de confeiteiro para polvilhar

1 Em uma batedeira, coloque o açúcar, a manteiga e os ovos. Bata bem até ficar um creme fofo e esbranquiçado. Aos poucos, sem parar de bater, acrescente a farinha misturada com o fermento e o sal. Bata mais um pouco, somente até incorporar. Despeje a massa em uma fôrma de fundo removível de 20 cm de diâmetro, untada com manteiga e polvilhada com açúcar.

2 Distribua as ameixas e polvilhe com o açúcar misturado com a canela.

3 Asse em forno moderado (180 °C), preaquecido, por cerca de 40 minutos, até que, ao enfiar um palito no centro, ele saia limpo.

4 Deixe amornar, desenforme e polvilhe com o açúcar de confeiteiro.

BOLO DE LIMÃO

6 PORÇÕES
1H

MASSA

1½ xícara de açúcar

2 colheres (sopa) de raspas de limão-siciliano

5 ovos

150 g de creme de ricota

2 xícaras de farinha de trigo

1 colher (sopa) de fermento químico em pó

uma pitada de sal

100 g de manteiga derretida

CALDA

suco de 1 limão-siciliano

½ xícara de água

½ xícara de açúcar de confeiteiro peneirado

MASSA

1. Coloque na tigela da batedeira o açúcar com as raspas de limão (previamente misturados com a ponta dos dedos) e os ovos. Bata bem até formar uma mistura leve e esbranquiçada. Desligue a batedeira, adicione o creme de ricota e volte a bater. Em uma tigela, misture a farinha de trigo, o fermento e o sal e junte aos ingredientes da batedeira. Acrescente a manteiga e misture com uma espátula.
2. Coloque em uma fôrma de bolo inglês (13,5 × 24 × 7 cm) untada com manteiga.
3. Asse em forno quente (200 °C), preaquecido, por 5 minutos, reduza a chama para moderada (180 °C) e asse por mais 40 minutos, até que, ao enfiar um palito no centro, ele saia limpo.

CALDA

1. Coloque todos os ingredientes em uma panela pequena. Leve ao fogo baixo, misture bem e deixe ferver por 3 minutos.
2. Desenforme o bolo morno e, aos poucos, regue-o com a calda ainda quente. Se desejar, sirva gelado.

MUFFIN DE BANANA COM AVEIA

6 UNIDADES
30 MIN

....

2 ovos

2 bananas-nanicas maduras

¼ de xícara de manteiga derretida

½ xícara de açúcar mascavo peneirado e bem apertado na xícara

½ xícara de aveia em flocos finos

1¼ xícara de aveia em flocos grossos

¼ de xícara de castanhas-do-pará picada

¼ de xícara de uva-passa preta sem sementes

½ colher (sopa) de fermento químico em pó

¼ de xícara de mel

1 Forre uma assadeira própria para muffins com forminhas de papel; se preferir assar diretamente, unte a assadeira com manteiga e polvilhe com aveia em flocos finos.

2 Bata no liquidificador os ovos junto com as bananas, a manteiga e o açúcar mascavo. Transfira para uma tigela e acrescente os ingredientes restantes, exceto o mel, um a um, mexendo sempre.

3 Divida a massa entre as forminhas preparadas, deixando 1 cm de borda livre. Asse em forno moderado (180 ºC), preaquecido, por cerca de 20 a 30 minutos, até que, ao enfiar um palito no centro, ele saia limpo e os muffins estejam bem dourados.

4 Deixe amornar e desenforme. Na hora de servir, regue com mel.

DICA: ESTA RECEITA NÃO CONTÉM GLÚTEN.

BOLO DE ABÓBORA COM COCADA

15 PORÇÕES

1H

MASSA

300 g de abóbora crua, descascada e picada
1 xícara de óleo de milho ou canola
1 ovo inteiro
3 ovos separados
2 xícaras de açúcar
2 xícaras de farinha de trigo
1 colher (sopa) de fermento químico em pó
manteiga para untar

CALDA

3 colheres (sopa) de açúcar
½ xícara de água
2 cravos
2 paus de canela

COCADA

1 colher (sopa) de manteiga
1 lata de leite condensado
200 g de coco fresco ralado
½ xícara de leite

MASSA

Bata no liquidificador a abóbora, o óleo e o ovo inteiro. Na batedeira, bata as claras em neve, em velocidade média. Adicione as gemas uma a uma e o açúcar aos poucos e bata até ficar volumoso e fofo. Reduza a velocidade e junte a mistura de abóbora e a farinha alternadamente, até incorporar. Adicione o fermento, mexendo com uma colher. Despeje a massa, em uma fôrma alta de 25 cm de diâmetro, untada com manteiga e polvilhada com farinha. Asse em forno moderado (180 ºC), preaquecido, por cerca de 45 minutos, até que, ao enfiar um palito no centro, ele saia limpo.

CALDA

Em uma panela pequena, dissolva o açúcar na água, acrescente o cravo e a canela e leve ao fogo. Ferva por 3 minutos, tampe a panela e deixe esfriar.

COCADA

Derreta a manteiga em fogo brando. Acrescente o leite condensado, o coco e o leite, mexendo sempre, até começar a engrossar, porém ainda bem cremosa.

MONTAGEM

Desenforme a massa ainda morna e deixe esfriar. Com um garfo, faça furos na superfície e regue com a calda. Espalhe a cocada e sirva.

BOLO BÚLGARO

12 PORÇÕES
50 MIN

....

1 xícara de leite

300 g de manteiga sem sal

3⅓ xícaras de cacau em pó (300 g)

1⅔ xícara de açúcar (300 g)

8 ovos separados

1 pote de geleia de frutas vermelhas

frutas vermelhas frescas para decorar

1 Em uma panela, coloque o leite, a manteiga, o cacau e ⅔ de xícara de açúcar. Mexa tudo até derreter. Reserve.

2 Na batedeira, bata as gemas com ½ xícara de açúcar. Após virar um creme fofo e esbranquiçado, acrescente a mistura de cacau reservada.

3 Com as claras em neve, acrescente o restante do açúcar e misture delicadamente à mistura da batedeira.

4 Transfira a massa para uma fôrma de 25 cm de diâmetro × 4,5 cm de altura, forrada com papel-manteiga, untado com manteiga, e asse em forno moderado (180 °C), preaquecido, por cerca de 35 minutos, até que, ao enfiar um palito no centro, ele saia limpo. Deixe amornar e desenforme.

5 Quando o bolo estiver frio, espalhe a geleia por cima e enfeite com as frutas vermelhas.

TRANÇA DE COCO

12 PORÇÕES
50 MIN

MASSA

500 g de farinha de trigo
¼ de xícara de açúcar
2 tabletes (30 g) de fermento biológico fresco
1 colher (chá) de raspas de limão
uma pitada de sal
½ xícara de óleo
2 ovos
½ xícara de água morna
½ lata de leite condensado

RECHEIO

½ lata de leite condensado
⅔ de xícara de coco seco ralado

1 ovo ligeiramente batido para pincelar

MASSA

Coloque na tigela da batedeira com o gancho (batedor próprio para massas pesadas) a farinha, o açúcar, o fermento, as raspas de limão e o sal. Após misturar bem, aos poucos, acrescente o óleo, os ovos, a água morna e o leite condensado. Bata bem até formar uma massa homogênea. Bata mais um pouco e deixe a massa crescer por aproximadamente 40 minutos, em lugar protegido.

RECHEIO

1. Divida a massa em três pedaços. Sobre uma superfície lisa polvilhada com farinha, abra a massa com o rolo em retângulos de 20 × 40 cm. Pincele o leite condensado e o coco ralado, enrole. Depois, trance os rolos e coloque em uma assadeira ou em uma fôrma de bolo inglês, de 12 × 30 cm. Deixe crescer novamente.
2. Pincele com o ovo e asse em forno moderado (180 °C), preaquecido, por cerca de 50 minutos, até que, ao enfiar um palito no centro, ele saia limpo.
3. Finalize pincelando a superfície da rosca com o restante do leite condensado e salpique com um pouco de coco ralado.

DICA: SE DESEJAR, ACRESCENTE À MASSA FRUTAS CRISTALIZADAS OU GOTAS DE CHOCOLATE, SUBSTITUINDO O COCO RALADO E O LEITE CONDENSADO.

DOCES

TORTA DE PÊSSEGO

8 PORÇÕES
50 MIN (MAIS 1H DE GELADEIRA)

MASSA

2 xícaras de farinha de trigo
100 g de manteiga em temperatura ambiente
4 colheres (sopa) de açúcar
1 gema
1 ovo

CREME

3 colheres (sopa) de amido de milho
2 xícaras de leite
1 lata de leite condensado
½ colher (chá) de essência de baunilha

COBERTURA

1 lata de pêssegos em calda cortados ao meio
1 caixa de gelatina de pêssego

MASSA

1. Coloque no processador todos os ingredientes da massa e bata até formar uma mistura homogênea. Retire do processador, amasse ligeiramente com as mãos. Abra ⅔ da massa, com o rolo, sobre o fundo de uma fôrma de fundo removível (não deixe muito grossa). Apare as bordas com uma faca e coloque o fundo na fôrma. Faça rolos com o restante da massa e coloque-os ao redor da massa já aberta, aperte com as pontas dos dedos, por toda a beirada da fôrma, para fazer a lateral da torta. Fure o fundo com um garfo, para não levantar bolhas. Cubra com uma folha dupla de papel-alumínio e encha com grãos secos de feijão para não estufar durante o cozimento.

2. Asse a massa em forno moderado (180 °C), preaquecido, por 20 minutos. Retire o papel com os grãos e leve de volta ao forno até começar a dourar.

CREME

Em uma panela, dissolva o amido de milho no leite. Acrescente o leite condensado e leve ao fogo médio, sempre mexendo, até ferver e engrossar. Adicione a baunilha, misture bem, deixe esfriar um pouco e espalhe sobre a massa assada.

COBERTURA

1. Deixe esfriar completamente e distribua as metades de pêssegos escorridos (reserve a calda) sobre o creme.

2. Dissolva a gelatina de pêssego em 1¼ de xícara da calda do pêssego reservada e bem aquecida. Despeje sobre os pêssegos, delicadamente. Leve para gelar por cerca de 1 hora, antes de servir.

CHEESECAKE DIET DE GOIABA

8 PORÇÕES
50 MIN

MASSA

15 torradas integrais (160 g), quebradas grosseiramente
¾ de xícara de leite

RECHEIO

1 pote de iogurte natural desnatado
2 ovos
300 g de ricota
½ colher de adoçante em pó
1 colher (chá) de raspas de limão ou de laranja
1 colher (chá) de essência de baunilha

COBERTURA

1 xícara de geleia de goiaba diet batida ligeiramente ou goiabada diet derretida

MASSA

Ligue o processador com as torradas. Aos poucos, adicione o leite e processe até formar uma mistura homogênea. Forre o fundo e as laterais de uma fôrma para quiche de 25 cm de diâmetro. Reserve.

RECHEIO

Coloque no copo do liquidificador todos os ingredientes do recheio. Bata tudo até formar um creme homogêneo.

MONTAGEM E COBERTURA

1. Espalhe sobre a massa e leve ao forno moderado (180 °C), preaquecido, por 30 minutos, até que o recheio fique firme.
2. Retire do forno, deixe esfriar um pouco e cubra com a geleia de goiaba. Sirva gelado ou em temperatura ambiente.

BOLACHAS RECHEADAS COM CHOCOLATE

70 UNIDADES
50 MIN (MAIS 30 MIN DE DESCANSO)

MASSA

½ xícara de açúcar

2 gemas

50 g de manteiga sem sal, em temperatura ambiente

½ colher (chá) de essência de baunilha

4 colheres (sopa) de leite

1½ xícara de farinha de trigo

½ xícara de chocolate em pó peneirado

1 colher (chá) de fermento químico em pó

RECHEIO

300 g de chocolate meio amargo derretido

1 lata de creme de leite com soro

1 lata de doce de leite

2 colheres (sopa) de chocolate em pó peneirado

1 colher (sopa) de cacau em pó peneirado

½ colher (chá) de essência de baunilha

MASSA

1. Em uma tigela, coloque o açúcar e as gemas. Misture bem com um garfo. Adicione a manteiga e mexa vigorosamente. Junte a baunilha e alterne o leite com o restante dos ingredientes secos da massa misturados. Misture com a ponta dos dedos e amasse ligeiramente. Se preferir, coloque todos os ingredientes no processador e bata até formar uma massa homogênea.

2. Coloque a massa em um plástico resistente (ou filme de PVC) e deixe descansar, na geladeira, por cerca de 30 minutos. Com a massa dentro do plástico, abra a massa com o rolo em uma espessura de 0,5 cm. Abra o plástico e corte com um cortador. Coloque em uma assadeira untada com manteiga e leve ao forno moderado (180 °C), preaquecido, por 20 minutos. Retire do forno e deixe esfriar para ficar crocante.

RECHEIO

1. Misture bem todos os ingredientes do recheio até formar um creme homogêneo. Coloque em um saco de confeitar e leve à geladeira por 20 minutos para firmar.

2. Recheie a metade das bolachas e cubra cada uma com outra bolachinha.

CREME DE AVELÃ DIET

8 PORÇÕES
20 MIN

....

1½ xícara de avelãs

1 xícara de leite de soja

6 colheres (sopa) de cacau em pó puro sem açúcar

3 colheres (sopa) de adoçante culinário em pó

1 Em uma assadeira, coloque as avelãs e leve para torrar em forno moderado (180 °C), preaquecido, por cerca de 10 minutos ou até que estejam levemente torradas. Deixe esfriar.

2 Bata no liquidificador com o restante dos ingredientes por aproximadamente 5 minutos até ficar um creme homogêneo. De tempos em tempos, limpe as paredes do liquidificador com uma espátula para que tudo fique batido uniformemente.

3 Se preferir, leve para geladeira por aproximadamente 2 horas ou consuma em temperatura ambiente.

DICA: SIRVA COM CROISSANTS OU COM TORRADAS.

BISCOITINHOS COM CREME E MORANGO

30 UNIDADES
50 MIN

MASSA

2 xícaras de farinha de trigo

¼ de xícara de açúcar

100 g de manteiga sem sal gelada, cortada em pedaços

1 ovo

1 colher (chá) de fermento químico em pó

5 colheres (sopa) de leite

CREME

¾ de xícara de creme de leite fresco

2 colheres (sopa) de água de flor de laranjeira

2 colheres (sopa) de açúcar de confeiteiro

12 morangos cortados ao meio ou em quatro ou frutas vermelhas

açúcar de confeiteiro para polvilhar

MASSA

1. Bata no processador a farinha, o açúcar, a manteiga e o ovo. Em seguida coloque o fermento e, aos poucos, adicione o leite até a massa ficar homogênea. Embrulhe a massa em filme de PVC e deixe descansar na geladeira por 30 minutos.

2. Abra a massa entre duas folhas de filme de PVC, deixando uma espessura de 0,5 cm e corte com um cortador de 6,5 cm de diâmetro.

3. Coloque em uma assadeira forrada com papel-manteiga e asse em forno fraco (170 ºC), preaquecido, por 25 minutos, até as beiradas dos biscoitos começarem a dourar.

CREME

Misture o creme de leite fresco, a água de flor de laranjeira e o açúcar. Leve à batedeira por 3 a 4 minutos ou até ficar em ponto de chantili. Coloque em um saco de confeiteiro e deixe na geladeira.

MONTAGEM

Na hora de servir, cubra cada biscoitinho com o creme preparado. Enfeite com os morangos e polvilhe com açúcar de confeiteiro. Sirva a seguir.

DICA: A ÁGUA DE FLOR DE LARANJEIRA PODE SER SUBSTITUÍDA POR RASPAS DE LIMÃO OU DE LARANJA.

PASTEL DE BELÉM

8 UNIDADES
1H

....

1 pacote de massa folhada laminada (300 g)

½ xícara de amido de milho

1 litro de leite

8 gemas

1⅔ xícara de açúcar

1 colher (sopa) de essência de baunilha

1 colher (chá) de raspas de limão-siciliano

....

açúcar de confeiteiro e canela em pó para polvilhar

1 Em uma superfície lisa, abra a massa folhada e corte tiras de aproximadamente de 4 cm, no sentido do comprimento. Enrole uma a uma como rocambole e coloque em forminhas para cupcake ou de empada. Com a ponta dos dedos, empurre o centro do rolinho para baixo para que as laterais subam na forminha.

2 Prepare o recheio: em uma panela média, misture todos os ingredientes do recheio e leve ao fogo médio até ferver, engrossar e soltar do fundo da panela. Deixe esfriar e coloque em um saco de confeitar.

3 Distribua o recheio sobre as massinhas, preenchendo ⅔ de sua capacidade.

4 Asse em forno moderado (180 °C), preaquecido, por 40 minutos, até dourar. Sirva ainda quente.

SAGU DE COCO COM COMPOTA DE UVAS

6 PORÇÕES
30 MIN (MAIS 20 MIN DE GELADEIRA)

SAGU

1 xícara de sagu
água suficiente para cobrir
100 g de coco fresco ralado
1 vidro (200 ml) de leite de coco
1 xícara de leite
1 colher (sopa) de açúcar

COMPOTA

2 xícaras de uvas vermelhas
1 colher (sopa) de açúcar
suco de ½ limão

SAGU

1. Hidrate o sagu por 10 minutos em água suficiente para cobri-lo. Escorra e coloque-o em uma panela. Cubra o sagu com água e leve ao fogo baixo, mexendo de vez em quando, até que fique macio, com as bolinhas transparentes.
2. Acrescente o coco ralado, o leite de coco, o leite sem lactose e o adoçante em pó. Misture bem e continue o cozimento por mais 5 minutos, mexendo sempre.
3. Com a ajuda de uma concha, coloque em taças. Leve para gelar por 20 minutos.

COMPOTA

1. Leve ao fogo médio uma panela com os ingredientes da compota. Deixe ferver por aproximadamente 5 minutos ou até engrossar. Mexa de vez em quando. Deixe esfriar.
2. Distribua entre as taças com o sagu e sirva gelado ou em temperatura ambiente.

PUDIM DE CHOCOLATE COM BANANA E FAROFA DOCE

4 PORÇÕES
30 MIN

FAROFA DOCE

150 g de biscoitos de chocolate ligeiramente esmigalhados
¼ de xícara de açúcar
⅓ de xícara de manteiga derretida
½ xícara de nozes
½ xícara de coco em flocos

PUDIM

1 embalagem de pudim de chocolate
2 xícaras de leite

2 bananas-nanicas cortadas em rodelas
suco de ½ limão
nozes para decorar

FAROFA DOCE

1. Em um processador, coloque o biscoito com o açúcar e a manteiga. Bata até triturar bem o biscoito. Adicione as nozes e pulse até formar uma farofa, Por último junte o coco e pulse somente para misturar.
2. Coloque a farofa em uma assadeira e leve ao forno moderado (180 °C), preaquecido, por 20 minutos. Na metade do tempo, mexa bem a farofa para torrar uniformemente. Reserve.

PUDIM

Prepare o pudim com o leite, conforme as instruções da embalagem. Deixe esfriar.

MONTAGEM

Em taças, faça camadas alternadas de pudim, farofa e banana. Decore com as nozes e leve à geladeira até a hora de servir.

BRIGADEIRO CREMOSO DE CAFÉ COM PAÇOCA

8 PORÇÕES
30 MIN

1 lata de leite condensado
1 caixinha de creme de leite
1 colher (sopa) de manteiga
2 colheres (chá) de café solúvel
5 paçocas trituradas

paçoca para decorar

1 Em uma panela, misture todos os ingredientes e mexa bem. Leve ao fogo médio, mexendo sempre. Quando começar a ferver, reduza a chama e cozinhe por 3 minutos até começar a engrossar.

2 Retire do fogo, distribua o brigadeiro em copinhos e polvilhe com paçoca esfarelada. Sirva em temperatura ambiente.

CREME BELGA DA D. ENY

8 PORÇÕES
30 MIN (MAIS 4H DE GELADEIRA)

CREME BRANCO

1 lata de leite condensado
2 latas de leite (use a lata de leite condensado vazia para medir)
3 gemas passadas pela peneira
1 colher (sopa) de amido de milho

CREME VERMELHO

3 claras
6 colheres (sopa) de açúcar
1 caixinha de gelatina sabor morango
1 xícara de água fervente
1 copo de suco de laranja

CREME BRANCO

Em uma panela, coloque todos os ingredientes. Misture bem, com um fouet *(batedor de arame)*, e cozinhe, em fogo moderado, sempre mexendo, até ferver e engrossar. Despeje em um refratário e leve à geladeira para firmar.

CREME VERMELHO

1 Bata bem as claras com o açúcar até formar um merengue. Reserve.
2 Dissolva a gelatina na água fervente. Deixe esfriar um pouco e adicione o suco de laranja, mexa e incorpore ao merengue delicadamente.

MONTAGEM

1 Despeje o creme vermelho delicadamente sobre o creme branco já firme.
2 Volte para a geladeira por aproximadamente mais 2 horas, até ficar firme.

TORTA DE MORANGO E AMÊNDOAS

8 PORÇÕES
30 MIN (MAIS 4H DE GELADEIRA)

MASSA

2 xícaras de farinha de trigo
150 g de manteiga derretida
¼ de xícara de açúcar
1 colher (sopa) de raspas de laranja
uma pitada de sal
¼ de xícara de leite

RECHEIO

2 xícaras de leite
2 colheres (sopa) de amido de milho
2 gemas passadas pela peneira
¼ de xícara de açúcar
1 colher de essência de baunilha
½ xícara de amêndoas torradas em lascas
150 g de morangos cortados ao meio

COBERTURA

½ xícara de amêndoas torradas em lascas
½ xícara de açúcar de confeiteiro

MASSA

1 Em um processador, coloque a farinha, a manteiga, o açúcar, as raspas de laranja e o sal. Aos poucos, adicione o leite, batendo até a formar uma bola de massa. Embrulhe a massa em filme de PVC e deixe descansar, na geladeira, por de 30 minutos.

2 Abra a massa, com o rolo, sobre o fundo de uma fôrma de quiche de 23 cm de diâmetro × 3 cm de altura (não deixe muito grossa). Apare as bordas com uma faca e coloque o fundo na fôrma. Faça rolos de massa e coloque-os ao redor da massa já aberta (do fundo da fôrma), aperte com as pontas dos dedos por toda a beirada da fôrma, para fazer a lateral da torta. Fure o fundo com um garfo, para não levantar bolhas. Cubra com uma folha dupla de papel-alumínio e encha com grãos secos de feijão (para não levantar bolhas). Pré-asse a massa em forno moderado (180 °C), preaquecido, por 20 minutos. Retire o papel com os grãos.

RECHEIO

Em uma panela coloque o leite e o amido de milho. Misture bem. Adicione as gemas e o açúcar. Deixe o creme ferver mexendo sempre até engrossar. Adicione a baunilha e deixe esfriar, coberto por um filme de PVC. Misture bem o recheio e junte as amêndoas e espalhe sobre a massa.

COBERTURA

Cubra a torta com os morangos. Finalize com as lascas de amêndoas e polvilhe com o açúcar de confeiteiro. Sirva gelada.

TORTA HOLANDESA

2 TORTAS MÉDIAS
30 MIN (MAIS 4 H DE GELADEIRA)

BASE
óleo para untar
1 pacote de biscoito de maizena

CREME
1 envelope de gelatina incolor sem sabor (12 g)
6 colheres (sopa) de água
1 xícara de açúcar
250 g de manteiga em temperatura ambiente
1 caixinha de creme de leite
1 lata de leite condensado
1 colher (sopa) de essência de baunilha
500 ml de creme de leite fresco batido em ponto de chantili

COBERTURA
200 g de chocolate meio amargo derretido
150 ml de creme de leite ligeiramente aquecido
2 colheres (sopa) de manteiga em temperatura ambiente

2 pacotes de biscoito com cobertura de chocolate

BASE
Unte com óleo as laterais de duas fôrmas de aro removível, de 20 cm de diâmetro. Forre o fundo com os biscoitos e reserve.

CREME
Em uma tigela pequena, polvilhe a gelatina na água e deixe hidratar por 3 minutos. Leve ao micro-ondas por 1 minuto até dissolver. Misture bem e reserve. Na batedeira, bata bem o açúcar com a manteiga. Acrescente o creme de leite, o leite condensado, a baunilha e a gelatina hidratada. Bata até obter uma mistura homogênea. Junte o creme de leite fresco batido e misture delicadamente. Espalhe nas fôrmas preparadas e leve à geladeira por 1 hora.

COBERTURA
Misture o chocolate derretido, ainda morno, com o creme de leite e a manteiga. Misture bem com um fouet (batedor de arame). Deixe esfriar.

MONTAGEM
Retire o aro das fôrmas e espalhe a cobertura sobre o creme com gelatina. Leve à geladeira até a hora de servir. Um pouco antes, finalize com o biscoito com cobertura ao redor da torta.

COCADA DE ABACAXI

8 PORÇÕES
30 MIN

2 xícaras de açúcar
1 lata de leite condensado
200 g de coco ralado fresco
200 g de abacaxi cortado em cubinhos

Em uma panela, em fogo médio, coloque todos os ingredientes e mexa até começar a soltar do fundo da panela. Transfira para um recipiente e deixe esfriar.

DICA: SIRVA EM COLHERES OU POTINHOS INDIVIDUAIS.

ÍNDICE DE RECEITAS

SALGADOS
Abobrinhas recheadas 64
Almôndegas picantes 17
Bacalhau açoriano 60
Bobó de camarão 52
Croquetes de frango com molho 111
Bolo de carne com queijo coalho 18
Bolo salgado de espinafre 128
Canelone de berinjela 68
Carne assada com cerveja preta 14
Cestinha de carne suína 30
Charutinho com quinoa 75
Cordeiro à primavera 34
Costelinha de porco com farofa nordestina 37
Coxinha turbinada 115
Cozido de carne-seca com inhame 22
Bolovo 123
Croquete de pernil 124
Cubos de carne ao molho de páprica 21
Empadão da vovó 86
Empadão de carne moída 84
Empadinhas de camarão 116
Empanada chilena 120
Filés de carne à moda oriental 13
Focaccia 135

Forminha de carne 25
Frango com sálvia e legumes 44
Frango crocante com parmesão e purê de cenoura 48
Frango tailandês com gengibre 43
Galinha acebolada com quirela 47
Gumbo 55
Legumes cremosos no forno 71
Legumes grelhados com cuscuz 79
Língua de boi ao molho 26
Lombo recheado com sálvia e alcaparras 33
Miniabóbora com shitake 72
Miniquiche de cebola e gruyère 92
Pão caseiro da roça 131
Pão de minuto 136
Pão de nozes 139
Pão salgado recheado 132
Pastel de forno 112
Peito de frango com coentro e lima 40
Peixada goiana 59
Picanha no alho com farofa 10
Rabada com polenta cremosa 29
Hambúrguer de ricota com molho de tomate 80
Rissole de carne 119

Robalo com pupunha e molho de castanha 56
Rocambole assado de lentilha e quinoa 76
Salada verão de maçã 67
Sandubinha de presunto e queijo 108
Torta de atum com massa de arroz 100
Torta de abóbora e chuchu 99
Torta aberta de escarola 103
Torta integral de palmito 96
Torta de salmão 95
Torta espiral de legumes 104
Torta sertaneja 90

DOCES

Biscoitinhos com creme e morango 172
Bolachas recheadas com chocolate 168
Bolo búlgaro 158
Bolo de abacaxi com chocolate branco 149
Bolo de abóbora com cocada 157
Bolo de ameixas vermelhas 150
Muffin de banana com aveia 154
Bolo de limão 153
Bolo gelado de maracujá 142
Bolo de milho cremoso 146
Brigadeiro cremoso de café com paçoca 180
Cheesecake diet de goiaba 167
Cocada de abacaxi 188
Creme belga da D. Eny 183
Creme de avelã diet 171
Pastel de Belém 175
Pudim de chocolate com banana e farofa doce 179
Rocambole de goiabada 145
Sagu de coco com compota de uvas 176
Torta de morango e amêndoas 184
Torta de pêssego 164
Torta holandesa 187
Trança de coco 161

Copyright © 2019 Daniel Bork
Copyright desta edição © 2019 Alaúde Editorial Ltda.

Todos os direitos reservados. Nenhuma parte desta edição pode ser utilizada ou reproduzida – em qualquer meio ou forma, seja mecânico ou eletrônico –, nem apropriada ou estocada em sistema de banco de dados sem a expressa autorização da editora.

O texto deste livro foi fixado conforme o acordo ortográfico vigente no Brasil desde 1º de janeiro de 2009.

PREPARAÇÃO: Mariana Zanini
REVISÃO: Claudia Vilas Gomes
CAPA E PROJETO GRÁFICO: Amanda Cestaro
FOTOS: Antonio Rodrigues
PRODUÇÃO CULINÁRIA E DE OBJETOS: Beth Freidenson
ASSISTENTE DE PRODUÇÃO: Claudia Maykot
AGRADECIMENTOS: Stella Ferraz Cerâmica (www.stellaferraz.com.br), Rosa dos Ventos Porcelanas (www.rosadosventosporcelanas.com.br), Suxxar (www.suxxar.com.br), Roupa de Mesa.
IMPRESSÃO E ACABAMENTO: Ipsis Gráfica e Editora S/A

1ª edição, 2019
Impresso no Brasil

Dados Internacionais de Catalogação na Publicação (CIP)
(Câmara Brasileira do Livro, SP, Brasil)

Bork, Daniel
    A cozinha de Daniel Bork. -- São Paulo : Alaúde Editorial, 2019.

    ISBN 978-85-7881-579-0

    1. Culinária 2. Culinária (Receitas) I. Título.

18-23142   CDD-641.5

Índices para catálogo sistemático:
1. Receitas : Culinária : Economia doméstica 641.5

Cibele Maria Dias - Bibliotecária - CRB-8/9427

2019
Alaúde Editorial Ltda.
Avenida Paulista, 1337, conjunto 11
São Paulo, SP, 01311-200
Tel.: (11) 5572-9474
www.alaude.com.br

Compartilhe a sua opinião
sobre este livro usando a hashtag
#ACozinhaDeDanielBork
nas nossas redes sociais:

/EditoraAlaude
/EditoraAlaude
/AlaudeEditora